FLEURS SAUVAGES

Pamela Forey
Cecilia Fitzsimons

Adaptation française de
Dominique Kugler

GRÜND

Adaptation française de Dominique Kugler
Texte original de Pamela Forey

Première édition française 1988 par Librairie Gründ, Paris

ISBN : 2-7000-1913-X
Dépôt légal : avril 1988
Édition originale 1988 par Atlantis Publications Ltd.

Photocomposition : Sirius, Poitiers
Imprimé en Espagne

Sommaire

Introduction

Ce livre s'adresse à ceux qui veulent pouvoir identifier les fleurs sauvages qu'ils voient en se promenant le long des routes ou les « mauvaises herbes » qui poussent dans leur jardin. Bien souvent, le temps ou l'occasion manquent pour s'intéresser de près à la botanique, mais on aimerait pourtant connaître quelques « trucs » simples pour identifier une fleur. Nous avons sélectionné, parmi les milliers de plantes à fleurs poussant en Europe, les espèces que l'on rencontre le plus fréquemment, dans les régions d'accès facile. Les noms que nous avons choisis pour désigner ces plantes sont ceux que l'on trouve couramment dans les ouvrages de référence, mais il est possible que vous les connaissiez sous d'autres noms, d'usage local ou régional. Si vous ne reconnaissez pas le nom d'une plante, ce n'est pas forcément parce que vous l'avez mal identifiée : vous la connaissez peut-être sous l'un de ses nombreux autres noms.

Comment utiliser ce livre

Nous avons divisé le livre en plusieurs parties, en fonction de la couleur des fleurs, de sorte que vous puissiez trouver votre fleur facilement et rapidement. Toutefois, les fleurs ne se plient pas toujours aux règles établies par l'homme. Dans une espèce, la couleur des fleurs peut varier du blanc au rose ou au mauve. Il n'est pas toujours facile, non plus, de définir exactement la couleur d'une fleur – on peut hésiter par exemple entre un rose très pâle et un blanc. Le livre est divisé en cinq parties principales correspondant à cinq couleurs de fleurs : **blanc, jaune, bleu et violet, rouge et rose, variable.** La plupart des fleurs que vous rencontrez appartiennent à l'une des cinq premières sections, vous devriez donc pouvoir classer chaque fleur dans l'une d'elles assez facilement. Toutefois, s'il s'agit d'une fleur rose très pâle, il vaut mieux la chercher dans la section rose *et* dans la section blanche.

La dernière section regroupe des familles de fleurs, comme les Trèfles et les Corydales, et des plantes ayant divers types de fleurs, comme la Consoude. Cette section est très courte, et vous n'aurez à vous en servir que si vous n'avez pas trouvé dans la section choisie au départ.

Il est possible aussi que vous ne trouviez pas exactement dans ce livre la plante que vous cherchez, parce qu'il existe énormément de fleurs sauvages en Europe. Mais nous y avons mis la plupart des plantes communes, ainsi que des exemples des familles et des genres les plus importants, de sorte que si vous ne trouvez pas exactement la plante que vous cherchez, vous trouverez au moins une espèce voisine.

Guide d'identification

Déterminez tout d'abord à quelle section votre fleur appartient. Ensuite, vous verrez que chaque section est subdivisée en plusieurs parties correspondant à l'habitat – le type d'endroit où pousse la plante – indiquée par un symbole en haut de page. Ces symboles (voir Fig. 1) indiquent quatre habitats principaux. Beaucoup de plantes croissent dans un seul habitat, mais certaines en dépassent les limites ; pour celles-ci, plusieurs symboles sont indiqués en haut de page.

Fig. 1 Habitats

Habitats créés par l'homme
Sentiers et bords de route ; décombres ; cultures et champs ; jardins ; murs.

Habitats découverts
Prés et prairies ; pâturages ; landes ; dunes ; sites calcaires.

Habitats ombragés
Bords des haies ; bois ; orée des forêts.

Habitats humides
Étangs et lacs ; rivières et fossés ; bords de cours d'eau ; marécages.

La classification par habitat vous donne la confirmation que vous avez bien identifié votre fleur. Si vous êtes en train de pique-niquer dans une prairie découverte, vous ne devriez y trouver que les plantes indiquées pour les prés et les prairies découvertes, ou les dunes et les landes. Vous pouvez éliminer celles qui poussent dans les bois ombragés, les prairies humides ou les marécages.

Caractéristiques de la plante
Il est très rare de pouvoir identifier une fleur par une seule caractéristique. C'est généralement la combinaison du type de fleur, du type d'inflorescence, de la forme et de la disposition des feuilles, qui vous indique si votre identification est juste. Vous trouverez cette information dans les deux premiers paragraphes de la description. Le troisième paragraphe vous confirme que cette plante pousse bien dans le bon habitat et dans la région d'Europe qui vous concerne, et une carte de répartition vous permet de le vérifier d'un

coup d'œil. La plupart des plantes contenues dans ce livre poussent dans toute l'Europe. Dans le quatrième paragraphe sont mentionnées des espèces similaires avec lesquelles on pourrait confondre cette plante.

Fleurs et fruits

Les indications sur les fleurs et les fruits comprennent la manière dont se présentent les fleurs, solitaires ou en grappes, par exemple, leur forme, le nombre de pétales de la corolle et autres particularités, etc. ; on donne également le type de fruit et, le cas échéant, d'autres détails importants. L'époque de floraison est indiquée en bas de page, mais il faut noter que les plantes appartenant à une espèce qui pousse dans le sud de l'Europe fleuriront plus tôt que celles de la même espèce qui poussent dans le nord.

Forme générale de la plante

Le second paragraphe fournit une description plus générale de la plante, son port (dressé, rampant, en tapis, etc.), la disposition de ses feuilles et leur forme. La hauteur de la plante est indiquée en haut de page.

Habitat et distribution

L'habitat d'une plante donne souvent des indices précieux pour son identification, car la plupart choisissent un habitat bien précis. La majeure partie des plantes présentées ici poussent dans toute l'Europe, mais certaines ont une aire de distribution plus restreinte. La carte de distribution (voir Fig. 2) rappelle ces aires ; vous trouverez davantage de détails dans le troisième paragraphe. Il faut noter toutefois que la plante peut ne pas être commune, ou même présente, dans l'ensemble d'une région.

Fig. 2 Carte de distribution

● Commune dans ces régions
○ Présente mais moins fréquente, ou atteignant les limites de son aire de distribution

Espèces similaires

Dans le quatrième paragraphe figurent certaines plantes similaires. Les espèces indiquées en caractère gras font elles-mêmes l'objet d'une description détaillée ou sont décrites parmi les Autres espèces communes ; les espèces mentionnées en caractère normal ne sont pas décrites ailleurs dans le livre.

Autres espèces communes

A la fin de plusieurs sections, vous trouverez une page consacrée aux Autres espèces communes : il s'agit le plus souvent d'espèces moins répandues ou moins fréquentes, que les plantes décrites en détail.

Vous voilà prêt à utiliser ce livre. Son petit format vous permet de le glisser dans votre poche chaque fois que vous partez en promenade. N'oubliez pas, lorsque vous rencontrez une nouvelle plante, de cocher la case correspondante, dans l'index. Souvenez-vous que les fleurs sauvages se raréfient, alors surtout, ne les cueillez pas. Les espèces rares sont protégées, et il est interdit de cueillir les fleurs dans les réserves naturelles. Pensez plutôt à les photographier.

Fig. 3 Lecture d'une page

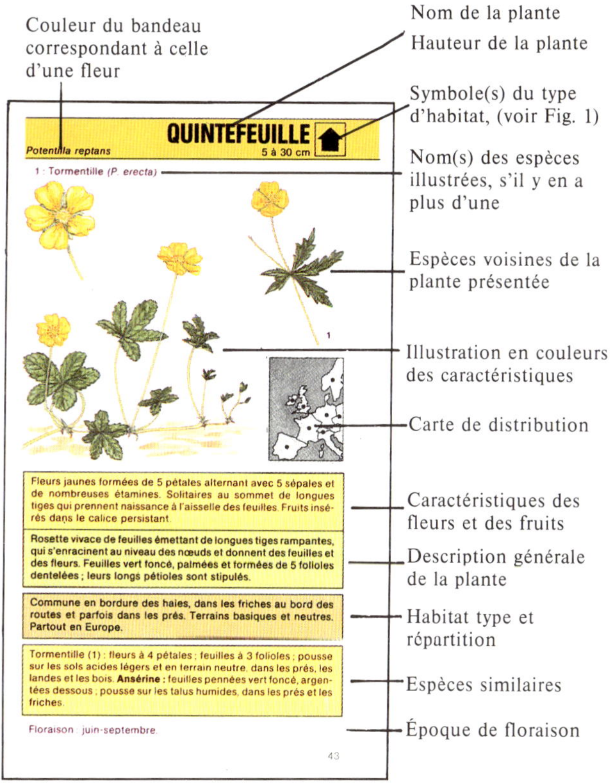

Glossaire

Annuelle Se dit d'une plante qui pousse à partir d'une graine, fleurit, produit des graines et meurt, en un an.

Bisannuelle Se dit d'une plante qui forme des feuilles la première année, produit une tige florifère, fleurit, produit des graines et meurt la deuxième.

Vivace Se dit d'une plante qui vit plusieurs années, réapparaissant à chaque printemps.

Nœud Point de la tige où les feuilles apparaissent. Sur des rameaux traçants, des racines peuvent se former au niveau des nœuds.

Structure de la fleur

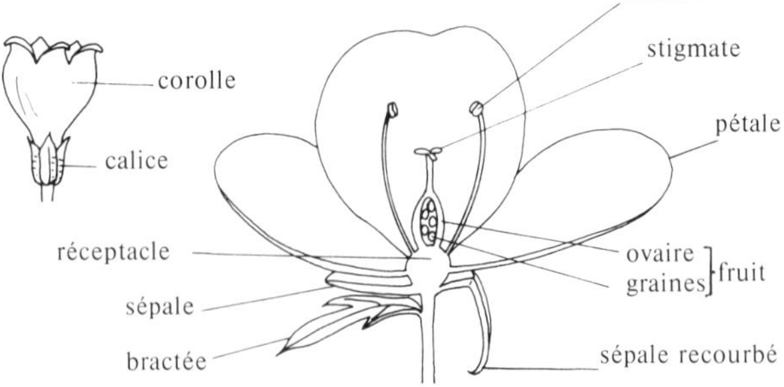

Types de corolles

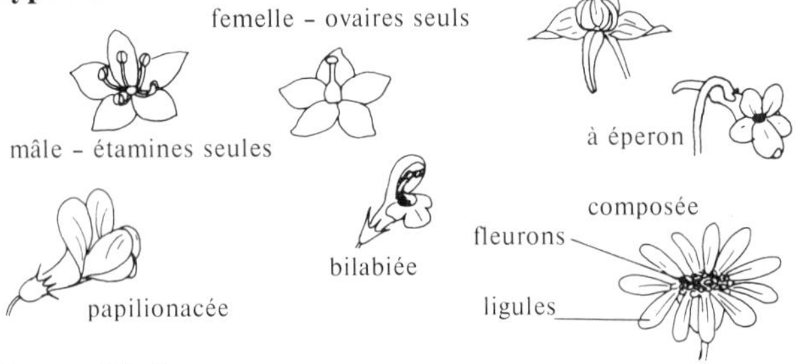

Types d'inflorescences

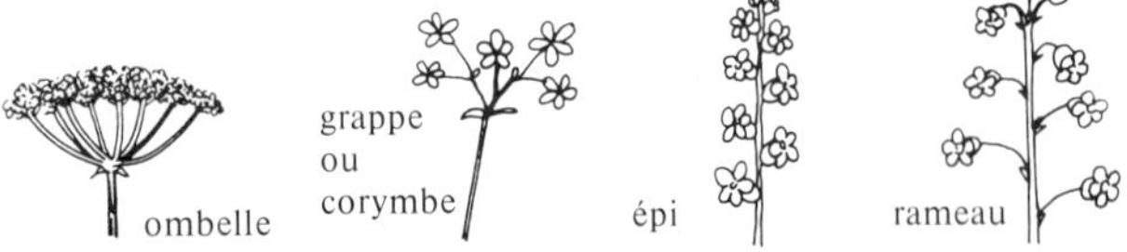

Types de feuilles

feuilles simples - non divisées en folioles

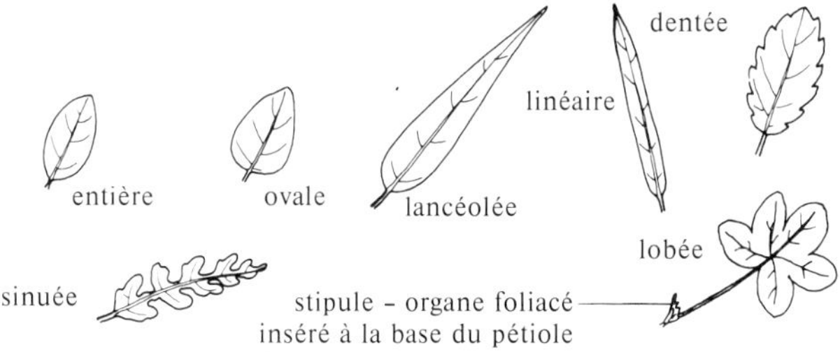

feuilles composées ou divisées - divisées en plusieurs folioles

Position des feuilles

Fruits

Akène Fruit dur et sec contenant une seule graine. Chez certaines familles, comme les menthes et les bourraches, les akènes se développent par groupes de 4 (tétrakène).

Baie Fruit charnu contenant plusieurs graines.

Capsule Fruit sec généralement arrondi, contenant une ou plusieurs loges et de nombreuses graines. Elle peut s'ouvrir sur les côtés, au sommet ou à la base pour libérer les graines, ou développer des trous par lesquels les graines sortiront.

Silique Long fruit sec contenant généralement plusieurs grosses graines qui s'ouvre le long de la ou des lignes de suture.

Organes végétatifs

Bulbe Racine souterraine très courte d'où partent de nombreuses feuilles renflées qui constituent des réserves nutritives.

Rejet Nouvelle plante se formant sur une courte racine rampante issue de la plante mère.

Rhizome Tige souterraine renflée contenant des réserves nutritives, qui se forme à la base des feuilles de certaines vivaces.

Stolon Longue tige rampante partant de la plante mère et sur laquelle de nouvelles plantes apparaissent, au niveau des nœuds.

CÉRAISTE DES FONTAINES

15 à 45 cm *Cerastium fontanum*

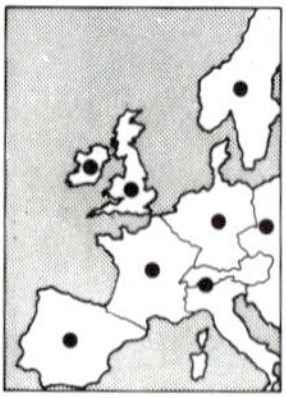

Inflorescences lâches formées de fleurs à 5 sépales dotés d'une large membrane, 5 pétales blancs bifides à peine plus longs que les sépales, et 10 étamines. Fruits : capsules cylindriques arquées insérées dans les sépales.

Petite plante vivace duveteuse dotée de rejets rampants feuillus et de tiges florifères ascendantes. Feuilles vert foncé, allongées ou lancéolées, velues, opposées par paires, sessiles ou légèrement pétiolées.

Mauvaise herbe commune dans toute l'Europe, dans les décombres, le long des routes, dans les cultures, les prés et les dunes.

Céraiste des champs : pousse sur les coteaux secs et dans les prés ; feuilles duveteuses ; fleurs blanches aux pétales deux fois plus longs que les sépales. Oreille de souris : feuilles jaune-vert et rejets poisseux ; pousse sur les murs et les décombres, dans les dunes.

Floraison : avril-septembre.

MOURON DES OISEAUX

Stellaria media 5 à 40 cm

1 : Stellaire graminée *(S. graminea)*

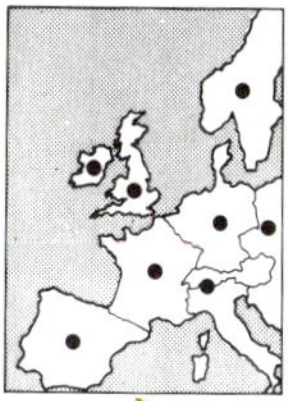

Fleurs réunies au sommet des tiges en bouquets clairsemés, comportant 5 sépales à marges membranées, 5 pétales blancs profondément dentelés de même longueur que les sépales, et 10 étamines. Capsules fructifères pendantes.

Plante annuelle formant de petits bouquets de rejets fragiles feuillus, qui portent des inflorescences terminales. Feuilles ovales opposées par paires. Sur la tige, une rangée de poils d'un nœud à l'autre.

Commune dans les jardins - où on la considère comme une mauvaise herbe - dans les champs cultivés et les lieux incultes de toute l'Europe.

Stellaire graminée (1) : présente de nombreux rameaux dressés cassants, portant des feuilles linéaires opposées et des fleurs blanches aux pétales profondément dentelés ; commune dans les bois et les prés. Stellaire holostée : similaire, mais avec des fleurs blanches plus grandes ; pousse dans les bois et le long des haies.

Floraison : toute l'année.

BOURSE-À-PASTEUR

5 à 40 cm *Capsella bursa-pastoris*

Fleurs blanches disposées en petits corymbes dressés ; chaque fleur, très petite, se compose de 4 pétales blancs en spatule. Fruits : silicules en forme de bourses ou de petits cœurs, et portés par de longs pédoncules.

Mauvaise herbe annuelle, dont les feuilles radicales pennatifides et légèrement duveteuses forment une rosette à la base. Feuilles caulinaires embrassantes à la base.

Mauvaise herbe caractéristique des jardins, des champs, des décombres et des talus, commune dans toute l'Europe.

Lepidium heterophyllum : petite plante bisannuelle aux fruits ronds munis d'une aile dentelée ; pousse sur les terrains cultivés et le bord des routes. Drave : mauvaise herbe poussant sur les murs et dans les décombres ; petites fleurs blanches ; fruits ovales portés par de longs pédoncules.

Floraison : souvent toute l'année.

ORTIE BLANCHE ou LAMIER BLANC

Lamium album 20 à 60 cm

1 : Lamier pourpre *(L. purpureum)*

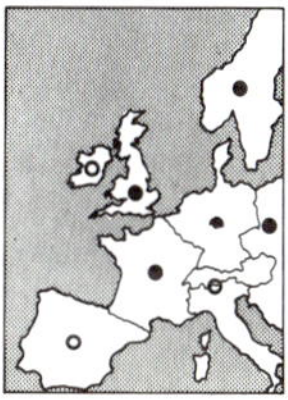

Fleurs blanches bilabiées, lèvre supérieure en casque et lèvre inférieure trilobée, réunies en verticilles denses à l'aisselle des feuilles supérieures. Fruits : akènes triangulaires à apex plat, groupés par 4 dans le calice.

Plante vivace d'où partent de nombreuses tiges hautes, duveteuses à section quadrangulaire, feuillues. Feuilles longuement pétiolées, ovales, pointues, à bord dentelé et opposées par paires.

Commune dans toute l'Europe, dans les friches et les bordures de haies, au bord des routes.

Lamier pourpre **(1)** : mêmes habitats, mais fleurs rose pourpre, groupées en épis denses, et bractées violettes. Lamier jaune : feuilles dentées et fleurs jaunes en verticilles. *L. amplexicaule :* feuilles arrondies et dentelées, fleurs tubulaires roses ; cultures et friches.

Floraison : mai-décembre.

CERFEUIL SAUVAGE

60 à 100 cm *Anthriscus sylvestris*

Fleurs blanches à 5 pétales formant des ombelles de 4 à 5 cm de diamètre, ayant chacune 5 à 10 pédoncules. Les fleurs latérales ont de grands pétales externes. Fruits : paires de siliques lisses à bec, brunes ou noires.

Plante bisannuelle ou vivace portant, au début de l'année, une touffe de feuilles pennées divisées d'où partent de longues tiges florifères feuillues, creuses, profondément rainurées. Les feuilles de la tige sont alternées et découpées.

Commun dans toute l'Europe, le long des haies, sur les talus ombragés, à l'orée des forêts et dans les friches.

Le Cerfeuil bâtard et le Torilis sont des plantes de haies ; la première fleurit en juin-juillet, la seconde en juillet-août. Cerfeuil bâtard : grande plante robuste ; grosses tiges tachetées de violet ; feuilles découpées. Torilis : tiges unies, ombelles à court pédoncule.

Floraison : mai-juin.

BERCE BRANC-URSINE

Heracleum sphondylium 50 à 200 cm

Fleurs blanches ou rosées formant de grandes ombelles composées qui comportent 10 à 20 pédoncules et peuvent atteindre 15 cm de diamètre. Les fleurs latérales ont de grands pétales externes. Fruits ronds et aplatis, à grandes ailes, groupés par 2.

Plante bisannuelle robuste constituée d'une rosette de feuilles divisées la première année et d'une touffe de tiges dressées feuillues la deuxième année. Tiges creuses aux arêtes poilues. Feuilles grandes, dentelées.

Se trouve dans toute l'Europe, le long des haies et des routes, dans les bois, à l'orée des forêts et sur les talus herbeux.

Grande berce : énorme plante robuste atteignant parfois 4 m ; tige tachetée de rouge ; ombelles jusqu'à 60 cm de diamètre ; parfois urticante. **Carotte sauvage :** une fleur violette au centre de chaque ombelle ; fruit contenu dans l'ombelle. Grande ciguë : tige tachetée de violet ; odeur de souris ; toxique.

Floraison : juin-septembre.

HERBE-AUX-GOUTTEUX

40 à 100 cm *Aegopodium podagraria*

Minuscules fleurs blanches groupées en ombelles composées qui apparaissent généralement 3 par 3 au sommet des tiges. Les ombelles sont dépourvues de bractées à la base des pédoncules. Fruits ovoïdes, aplatis et cannelés, groupés par paires.

Plante vivace qui se multiplie par des rejets souterrains d'où partent des feuilles à longs pétioles, découpées, formées de folioles ovales, pointues et dentées. Les tiges florifères feuillues sont creuses et cannelées.

Mauvaise herbe persistante fréquente dans toute l'Europe, dans les jardins, les friches et sur les talus ombragés.

Cerfeuil sauvage : feuilles pennées ; fleurs latérales munies de pétales externes plus longs. **Angélique sauvage :** tiges rougeâtres ; pousse dans les marécages. **Berce :** plus grande, pubescente.

Floraison : mai-juillet.

ALLIAIRE

Alliaria petiolata

20 à 120 cm

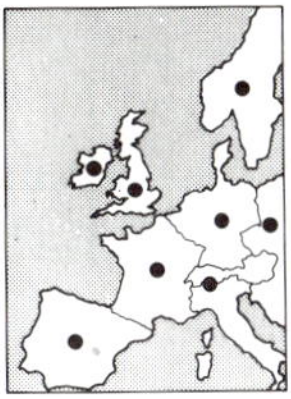

Fleurs blanches à 4 pétales groupées au sommet de la tige en grappes qui s'allongent en vieillissant. Fruits : longues silicules de section quadrangulaire à pédoncules courts, obliques par rapport à la tige.

Plante bisannuelle glabre dotée d'une rosette de feuilles cordiformes à longs pétioles la première année et d'une tige dressée feuillue portant des inflorescences terminales la deuxième année. Écrasées, les feuilles exhalent une odeur d'ail.

Commune dans toute l'Europe, le long des haies, en lisière des forêts et dans les endroits ombragés.

Monnoyère : pousse dans les décombres ; mêmes fleurs blanches mais surmontant des épis de fruits jaunâtres cordiformes. Cresson dravier : mauvaise herbe commune dans les champs et les décombres ; fruits cordiformes disposés en épi au-dessous d'une inflorescence blanche.

Floraison : avril-juin.

PÂQUERETTE VIVACE

2 à 5 cm

Bellis perennis

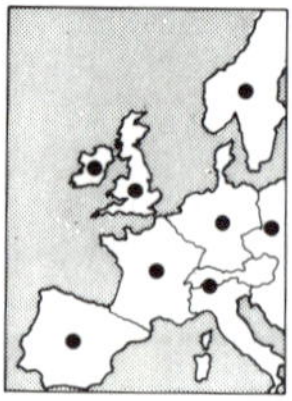

Fleurs solitaires portées par de longs pédoncules qui partent de la rosette basale. Le centre du capitule est formé d'un disque de fleurons jaunes tubulés, le bord de ligules blanches, souvent rosées. Graines : ovales, sans aigrette.

Petite plante vivace composée de rosettes de feuilles duveteuses en spatule, restant au ras du sol.

Commune dans toute l'Europe, sur les gazons, au bord des routes et des chemins, dans les pâturages à herbe rase.

Les composées similaires sont plus grandes. **Grande Marguerite :** forme une touffe de tiges qui atteignent jusqu'à 70 cm et portent de grandes fleurs. **Camomilles** et Matricaires : plus grandes aussi jusqu'à 60 cm ; feuilles découpées.

Floraison : mars-novembre.

GRANDE MARGUERITE

Chrysanthemum leucanthemum 20 à 70 cm

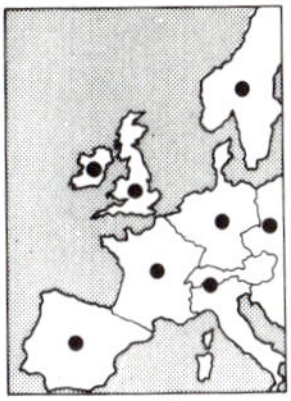

Grands capitules ayant jusqu'à 5 cm de diamètre, isolés au sommet de longs pédoncules. Le disque jaune du cœur est entouré de ligules blanches. Graines gris pâle, côtelées et glabres.

Plante vivace formée d'une rosette basale de feuilles spatulées, dentelées, aux longs pétioles. De la rosette partent des tiges dressées portant des feuilles lobées ou dentelées, embrassantes, et des fleurs solitaires.

Fréquente dans toute l'Europe, dans toutes sortes de prairies, au bord des routes et des voies ferrées, dans les prés et les pâturages, généralement sur sol riche.

Camomilles et Matricaires : feuilles profondément lobées ou découpées comme de la dentelle ; fleurs en grappes ayant parfois une odeur désagréable. **Pâquerette :** nettement plus petite ; rosettes de feuilles spatulées restant au ras du sol ; ligules blanches teintées de rose.

Floraison : juin-août.

CAMOMILLE INODORE

10 à 60 cm *Tripleurospermum inodorum*

1 : Herbe ananas *(Matricaria matricarioides)*

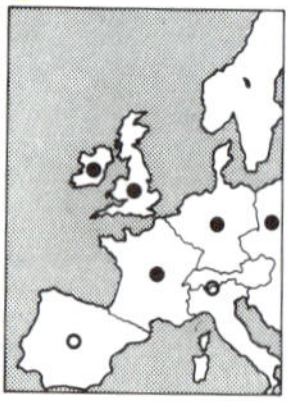

Capitules isolés au sommet des tiges, composés de ligules blanches devenant pendantes en vieillissant, et d'un disque central de fleurs jaunes tubulées. Graines à 3 côtes, munies au sommet de 2 glandes à huile.

Plante annuelle ou bisannuelle inodore formant une touffe de tiges ramifiées, glabres ; nombreuses feuilles découpées en folioles linéaires et disposées en spirale. Chez les espèces maritimes les folioles sont parfois émoussées et charnues.

Fréquente dans toute l'Europe, dans les friches, dans les champs cultivés, les endroits pierreux, sur les plages de galets.

Camomille sauvage : mêmes habitats ; plante aromatique qui fleurit en juin-juillet ; disque central du capitule conique. Herbe ananas : mauvaise herbe des talus qui fleurit en juin-juillet ; grands disques coniques ; pas de ligules blanches. **Grande camomille :** exhale une odeur caractéristique.

Floraison : juillet-septembre.

ACHILLÉE MILLEFEUILLE

Achillea millefolium 10 à 50 cm

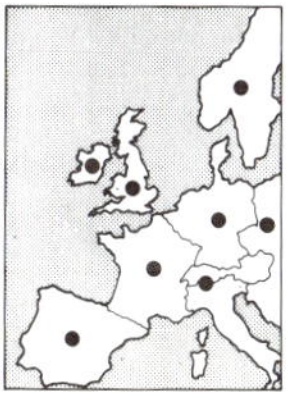

Fleurs blanches ou rosées portées en grands corymbes plats et denses à l'extrémité des tiges dressées. Chaque capitule est formé de 5 ligules et d'un disque central de fleurons. Graines : akènes munis de petites ailes.

Plante vivace rampante constituée de nombreuses tiges dressées laineuses qui portent des feuilles pennées, duveteuses, vert foncé, et des capitules terminaux. Odeur caractéristique.

Commune dans toute l'Europe, au bord des routes, sur les talus, dans les prairies et les pâturages, le long des haies.

L'Achillée ne peut pas être confondue avec d'autres membres de la famille des marguerites, sauf avec l'herbe à éternuer qui pousse dans les prés et les marécages, et près des rivières : capitules moins nombreux, plus grands, formant des corymbes lâches ; 8 à 13 grandes ligules blanches et cœur jaune-vert.

Floraison : juin-août.

GRATTERON

15 à 120 cm

Galium aparine

Petites fleurs tubulaires à 4 pétales blancs ou blanc verdâtre, réunies en petites grappes à l'aisselle des feuilles supérieures. Fruits : petites capsules sphériques hérissées de poils crochus, groupées par 2.

Plante annuelle à rhizome traçant, s'appuyant sur d'autres plantes. Tiges souples, quadrangulaires, couvertes aux angles de poils crochus. Feuilles linéaires poilues, disposées en verticilles de 6 ou 8.

Commune dans toute l'Europe, dans les friches, les bois et les éboulis, le long des haies et sur les plages de galets.

Caille-lait blanc : forme des touffes de tiges à peine dressées portant des verticilles de 8 feuilles ; fleurs blanches portées en corymbes ramifiés au sommet des tiges, ressemblant à de la mousse blanche. Aspérule : plante des bois formant un tapis de tiges dressées ; feuilles en verticilles ; fleurs blanches.

Floraison : juin-septembre.

COMPAGNON BLANC

Silene alba 30 à 100 cm

1 : Compagnon rouge *(S. dioica)*

Fleurs blanches composées de 5 pétales profondément échancrés, enveloppés à la base dans un calice tubulaire; elles sont disposées en cymes lâches, mâles et femelles séparés. Fruits : capsules ovoïdes enveloppées dans le calice.

Plante vivace éphémère formée de plusieurs tiges dressées, assez fragiles et pubescentes. Feuilles elliptiques opposées par paires, les radicales pétiolées, les caulinaires engainantes.

On trouve le compagnon blanc dans toute l'Europe, le long des haies, sur les décombres et dans les endroits cultivés.

Bec-d'oiseau : fleurs également a pétales blancs échancrés, mais calice vésiculeux très caractéristique. Robe-à-la-vierge : même calice que le précédent, mais plante couvre-sol qui pousse sur la rocaille et les falaises en bord de mer. Le compagnon rouge a des fleurs roses.

Floraison : mai-septembre.

FRAISIER DES BOIS

5 à 30 cm *Fragaria vesca*

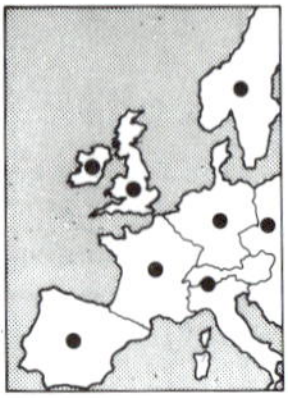

Fleurs formant de petites grappes terminales plates, portées par de longues tiges ; elles ressemblent à de minuscules roses blanches. Corolle à 5 sépales - soudés derrière la fleur - et 5 pétales. Fruit : réceptacle portant des akènes.

Petite plante vivace formée d'un rhizome qui porte des rosettes de feuilles duveteuses longuement pétiolées divisées en 3 folioles. Les stolons, tiges rampantes, s'enracinent au niveau des nœuds et donnent de nouvelles plantes.

Commune dans toute l'Europe, à l'orée des bois et dans les découverts, les broussailles et les prés, sur terrains basiques.

Les fraises de jardin ont des fruits nettement plus gros. A la floraison, on confond facilement le fraisier des bois avec le faux fraisier, qui a des pétales blancs bien séparés et des feuilles bleu-vert duveteuses en dessous. Mais ses fruits ne sont pas charnus.

Floraison : avril-juillet. Fructification : juin-juillet.

CIRCÉE PARISIENNE

Circaea lutetiana 20 à 70 cm

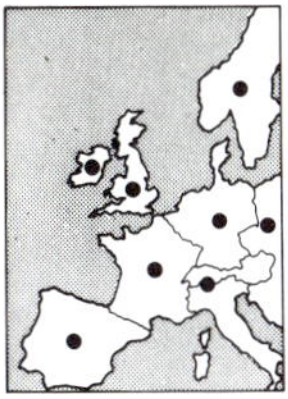

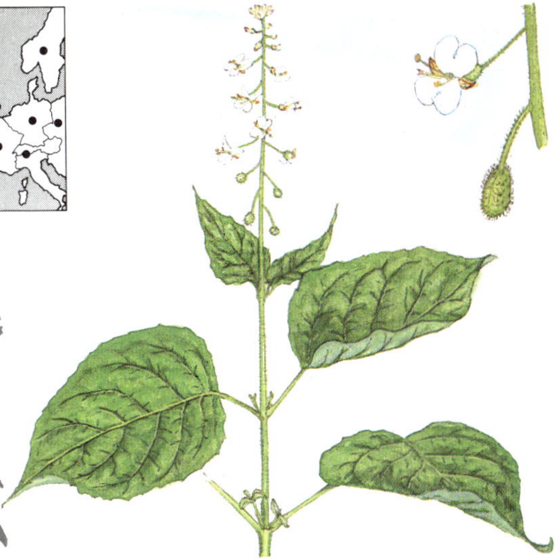

Petites fleurs blanches formées de 2 sépales et de 2 pétales bilobés, disposées en longs épis ramifiés au sommet de tiges dressées. Fruits : petites capsules vertes ovoïdes couvertes de soies raides pointant vers le sol.

Plante vivace dotée de courts rameaux traçants. Tiges dressées portant des poils glandulaires et de grandes feuilles cordiformes opposées par paires, chaque paire poussant à angle droit par rapport à celle du dessus ou du dessous.

Commune dans toute l'Europe, dans les bois et les endroits humides, sur terrain basique, où elle forme parfois un tapis.

L'espèce alpine se rencontre dans les bois et les ravins, en montagne ; c'est une plante beaucoup plus petite, aux inflorescences plus riches. Il existe dans toute l'Europe une espèce hybride des deux précédentes, qui pousse dans les sous-bois et les rocailles.

Floraison : juin-août.

PETITE OSEILLE

5 à 15 cm — *Oxalis acetosella*

Fleurs cupulaires à 5 pétales blancs veinés de violet ; au printemps, elles sont longuement pédonculées et solitaires ; celles de la fin de l'été sont portées près du sol par de courts pédoncules et s'ouvrent rarement. Fruits : capsules rondes.

Petite plante vivace à rhizome rampant d'où partent des touffes de tiges et de fleurs. Feuilles longuement pétiolées partant directement du rhizome, à trois folioles jaune-vert en forme de cœur qui se replient le soir.

Commune dans toute l'Europe, sur les talus ombragés, dans les bois et les lieux pierreux humides, et sur le bois pourrissant.

Alleluia à fleurs jaunes : mauvaise herbe des jardins à tiges rampantes, feuilles pliantes et fleurs jaunes ; certaines espèces ont des feuilles rougeâtres. Le **Trèfle** a des feuilles similaires (mais qui ne se ferment pas) et des fleurs très différentes.

Floraison : avril-août.

AIL-DES-OURS

Allium ursinum 10 à 45 cm

1 : Ail des vignes *(A. vineale)*

Fleurs blanches à 6 pétales réunies en ombelles apicales sur des tiges triangulaires sans feuilles. Bouton enveloppé dans une bractée brune très mince qui tombe à la floraison. Fruits : capsules à 3 lobes contenant 3 graines noires alvéolées.

Plante à bulbes souterrains blancs d'où partent des feuilles vert vif à longs pétioles obliques à 180°. Limbes plats elliptiques et pointus, striés de nervures parallèles. Fleurs portées par des tiges indépendantes.

Commune dans toute l'Europe, dans les lieux ombragés et les bois humides où elle forme des colonies, emplissant l'air de son odeur d'ail très prononcée.

Ail des vignes (1) : des bulbilles vertes remplacent parfois les fleurs roses ou blanc verdâtre ; feuilles cylindriques creuses. Ciboulette : feuilles voisines de l'ail des vignes, mais ombelles de fleurs sans bulbilles. *A. triquetrum :* ombelle de fleurs blanches unilatérale pendante.

Floraison : avril-juin.

ANÉMONE SYLVIE

5 à 30 cm *Anemone nemorosa*

Fleurs solitaires blanches ou rosées, portées par des tiges simples, haut au-dessus des feuilles. La fleur a 6 ou 7 tépales et de nombreuses étamines. Fruits pourvus d'un bec et réunis en grappes portées par des tiges dressées.

Plante vivace formant tapis, dotée de rhizomes rampants d'où partent des tiges dressées qui portent, en leur milieu, 3 ou 4 feuilles trilobées. Plante vénéneuse à l'odeur âcre.

L'anémone sylvie forme des tapis de feuilles et de fleurs, au printemps et au début de l'été, dans les forêts feuillues de presque toute l'Europe. Elle n'existe pas au Portugal.

L'Anémone renoncule ressemble à la précédente, mais ses fleurs sont jaunes et elle est beaucoup moins répandue. *A. apennina*, commune dans le sud-est de l'Europe, se différencie des précédentes par ses fleurs bleues ; elle est cultivée dans les jardins en Europe septentrionale.

Floraison : mars-mai.

SAXIFRAGE GRANULÉE

Saxifraga granulata 10 à 50 cm

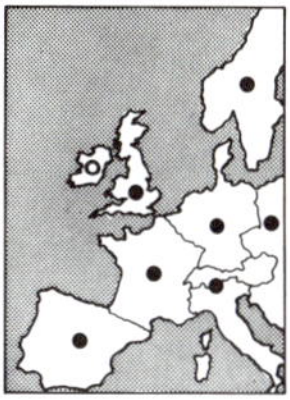

Fleurs blanches à 5 pétales, aux réceptacles riches en nectar, réunies en touffes lâches ramifiées au sommet de rameaux dressés glanduleux. Fruits se développant sous les fleurs.

Plante vivace formant au sol une rosette de feuilles assez charnues et longuement pétiolées. Les limbes réniformes des feuilles ont des lobes arrondis. A la base des tiges, sous terre, se forment des bulbilles.

Commune dans toute l'Europe, dans les prairies bien drainées, les bois et les rocailles, sur terrain neutre ou basique.

La sanicle des montagnes se rencontre dans les régions montagneuses d'Europe continentale, dans les lieux ombragés. La plupart des autres saxifrages forment des tapis de rosettes de feuilles moussues ou des rosettes de feuilles incrustées de chaux. Beaucoup croissent dans les régions de montagne.

Floraison : avril-juin.

PERCE-NEIGE

10 à 25 cm *Galanthus nivalis*

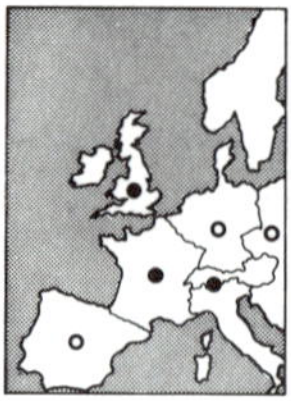

Fleurs solitaires pendantes, formées de 3 pétales blancs externes et de 3 pétales internes plus petits tachetés de vert. Boutons protégés par 2 membranes vertes qui sèchent et deviennent fruit. Fruit : capsule ovoïde verte.

A partir d'un bulbe souterrain pousse une touffe de petites feuilles linéaires vert-bleu qui apparaissent au printemps, après les fleurs. Fleurs portées par des tiges séparées. La plante meurt en été.

Commune dans les bois humides, les prairies et près des cours d'eau. Répandue dans la plupart de l'Europe, sauf dans le Nord, au Portugal et en Irlande.

Nivéole d'été : feuilles linéaires vert vif de 30 à 50 cm ; plusieurs hautes tiges florifères dépourvues de feuilles apparaissent au début de l'été, portant une ombelle de fleurs blanches marquées d'une tache verte à la pointe.

Floraison : janvier-mars.

EUPHRAISE OFFICINALE

Euphrasia officinalis 5 à 30 cm

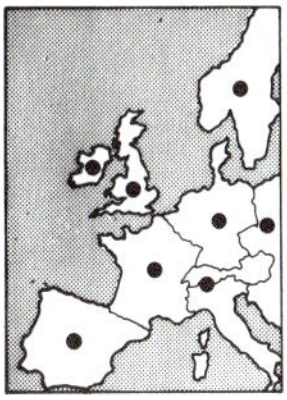

Fleurs en épi situées à l'aisselle des bractées. Corolle blanche veinée de violet à l'intérieur, lèvre supérieure bilobée, lèvre inférieure trilobée marquée d'une tache jaune. Fruits : capsules enveloppées dans le calice persistant.

Plante annuelle partiellement parasite, formant une petite touffe de tiges frêles ramifiées, plus ou moins dressées, qui portent des feuilles dentelées disposées en spirale.

Courante dans toute l'Europe, dans une grande variété d'habitats : prés, coteaux secs, dunes, landes, falaises et montagnes en bord de mer, marais et tourbières.

Les nombreuses espèces d'Euphraise sont difficiles à différencier, mais on peut les identifier selon leur habitat et parfois aussi par la forme des feuilles et la disposition, la taille, l'aspect et la couleur des fleurs.

Floraison : juin-octobre.

REINE DES PRÉS

60 à 120 cm *Filipendula ulmaria*

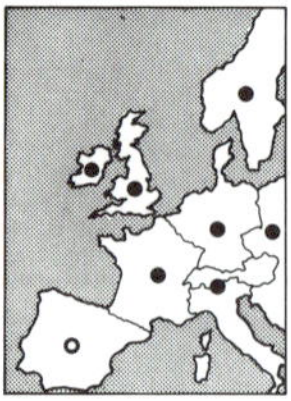

Fleurs blanc-crème au parfum délicat formant de riches inflorescences au sommet des tiges dressées. Chaque fleur a 5 sépales recourbés, 5 pétales, et de longues et nombreuses étamines. A maturité, les grappes de fruits s'enroulent en spirale.

Grande plante vivace formée de plusieurs tiges dressées portant des bouquets de feuilles pennées aux folioles ovales, dentelées et opposées par paires, grandes et petites alternées ; elles sont vert foncé, souvent blanches dessous.

Présentes dans les prés et les forêts humides, les sites marécageux et près des sources, partout en Europe.

Spirée filipendule : pousse plutôt sur les coteaux secs, surtout en terrain calcaire ; rosette de feuilles vert foncé, d'où partent de longues tiges presque sans feuilles, portant à leur sommet une riche grappe de petites fleurs blanc-rosé à 6 pétales et sépales, suivies de grappes de fruits.

Floraison : juin-août.

PLANTAIN D'EAU

Alisma plantago-aquatica 20 à 100 cm

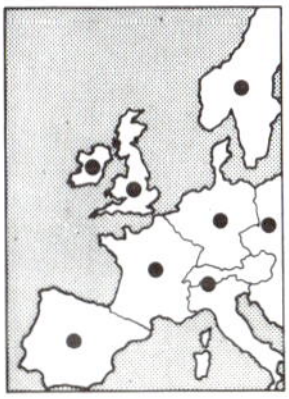

Petites fleurs violet clair ou blanches à 3 pétales, portées par des pédoncules ramifiés, et réunies en grappes superposées dans la partie supérieure de la tige. Graines aplaties groupées en verticilles de 20 sur un disque plat.

Plante vivace glabre à port dressé formant une touffe de feuilles longuement pétiolées qui émergent de l'eau. Limbes longs de 8 à 20 cm, ovales, marqués de nervures parallèles. Les tiges florifères indépendantes partent directement de la base.

Fréquent dans toute l'Europe, dans les eaux peu profondes, les endroits boueux, les fossés, les étangs et les canaux.

Fausse renoncule : feuilles linéaires ou lancéolées ; fleurs formant 2 verticilles ou une ombelle unique ; fruits sphériques denses. Flèche d'eau : touffes de grandes feuilles sagittées ; tiges florifères dressées portant plusieurs verticilles de 3 fleurs ; pousse en eau peu profonde.

Floraison : juin-août.

DROSÉRA

5 à 25 cm *Drosera rotundifolia*

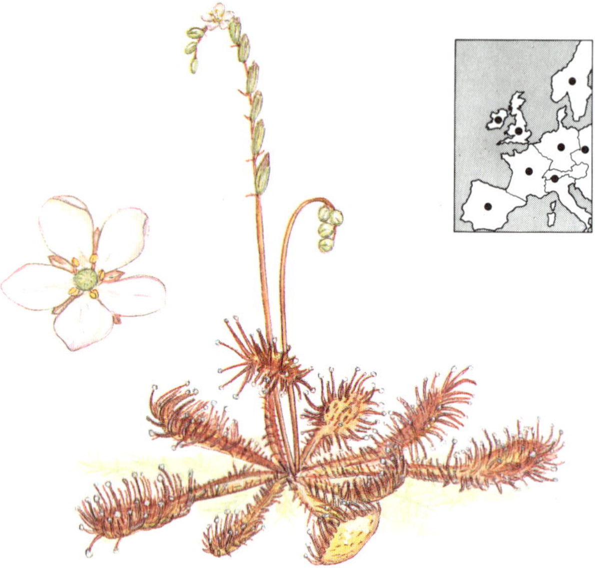

Petites fleurs blanches ou rosées à 5 pétales, portées en grappes sur une hampe fine et courbée, fleurissant une à une ou par deux. Fruits : capsules contenant plusieurs graines.

Plante vivace carnivore formant au sol de petites rosettes de feuilles rondes à longs pétioles. Feuilles vert rougeâtre pourvues de poils rouges brillants, enduits d'un liquide gluant qui attire les insectes.

Commune dans toute l'Europe, dans les marécages et les tourbières, souvent au bord des étangs et des canaux.

Il existe d'autres espèces de Droséra dans des habitats similaires, mais qui diffèrent par la forme de leurs feuilles. *D. anglica* : pousse dans les zones les plus humides des marécages ; elle a des feuilles minces aux limbes très allongés.

Floraison : juin-septembre.

NÉNUPHAR BLANC

Nymphaea alba

Fleurs de 10 à 20 cm de haut flottant à la surface de l'eau, au bout de longs pédoncules enterrés dans la vase. Nombreux pétales blancs odorants entourant des étamines jaunes. Fruit piriforme qui mûrit sous l'eau, libérant des graines qui flottent.

Plante aquatique vivace, dont le gros rhizome horizontal est immergé dans la vase. Larges feuilles arrondies et cordiformes, légèrement brunâtres dessous, portées par de longs pétioles et flottant librement à la surface de l'eau.

Le nénuphar pousse dans toute l'Europe, sur les lacs et les étangs, dans les canaux et les rivières au cours lent.

Nénuphar jaune : feuilles ovales et fleurs jaunes flottantes, larges de 5 à 6 cm, dont les sépales jaunes forment un calice qui entoure une multitude de petits pétales jaunes exhalant une odeur de pomme.

Floraison : juin-août.

Autres Espèces Communes

1

2

3

Pourpier d'hiver (1) Tiges vertes cassantes ; corymbes apicaux de fleurs insérés dans des bractées rondes. Cultures et friches. Tte Eur. Mai-juillet.

Caille-lait blanc (2) Tiges faibles avec verticilles de 8 feuilles axillant des corymbes de fleurs lâches. Coteaux herbeux, talus. Tte Eur. Juin-oct.

Angélique sauvage (3) Touffes de feuilles découpées ; tiges rougeâtres ; ombelles de fleurs rosées. Prairies humides et bois. Tte Eur. Juillet-sept.

Carotte sauvage (4) Ombelles de fleurs denses avec 1 fleur violette au centre, se refermant sur le fruit. Lieux herbeux. Tte Eur. Juin-août.

Grande camomille (5) Feuilles découpées aromatiques ; grappes apicales de fleurs au cœur jaune. Friches, bord de haies, murs. Plupart de l'Eur. Juin-août.

Tte Eur. = toute l'Europe.

4

5

Autres Espèces Communes

1

2

3

4

5

Pensée sauvage (1) Plusieurs longues tiges à feuilles spatulées ; stipules découpés ; fleurs blanc-crème. Cultures et friches. Tte Eur. Mars-sept.

Spargoule des champs (2) Tiges cannelées ; verticilles de feuilles linéaires ; rameaux de fleurs lâches. Friches, cultures, sols acides. Tte Eur. Juin-sept.

Lin purgatif (3) Tige raide mince ; petites feuilles ; corymbe lâche de fleurs minuscules. Prés, landes, dunes. Tte Eur. Juin-sept.

Dame-d’onze-heures (4) Feuilles herbeuses ; ombelles de fleurs en étoile s’ouvrant au soleil. Endroits herbeux, cultures. Plupart de l’Eur. Avr.-juin.

Morelle noire (5) Tiges ramifiées ; feuilles vertes, mates ; corymbes de fleurs ; baies toxiques. Jardins et friches. Tte Eur. Juil.-sept.

MÉLILOT OFFICINAL

60 à 100 cm

Melilotus officinalis

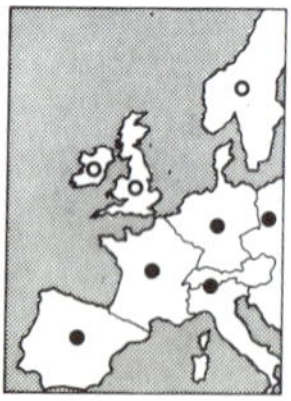

Nombreuses fleurs ressemblant à la fleur de pois et sentant le foin coupé, portées en épis lâches par de longs pédoncules, à l'aisselle des feuilles. Fruits : gousses ovoïdes dotées d'arêtes transversales et brunes à maturité.

Plante bisannuelle très ramifiée, plus ou moins dressée. Feuilles composées à 3 folioles, munies d'un stipule qui gaine la base du pétiole.

Commune dans toute l'Europe au bord des routes, dans les champs et les décombres.

Grand mélilot : se distingue par ses gousses velues et noires lorsqu'elles sont mûres. Mélilot blanc : fleurs blanches.

Floraison : juin-septembre.

QUINTEFEUILLE

Potentilla reptans — 5 à 30 cm

1 : Tormentille *(P. erecta)*

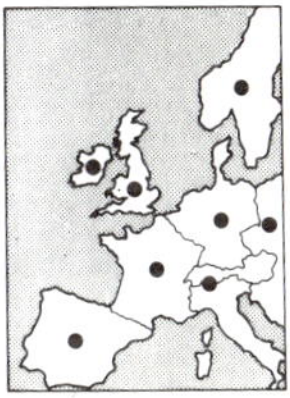

Fleurs jaunes formées de 5 pétales alternant avec 5 sépales et de nombreuses étamines. Solitaires au sommet de longues tiges qui prennent naissance à l'aisselle des feuilles. Fruits insérés dans le calice persistant.

Rosette vivace de feuilles émettant de longues tiges rampantes, qui s'enracinent au niveau des nœuds et donnent des feuilles et des fleurs. Feuilles vert foncé, palmées et formées de 5 folioles dentelées ; leurs longs pétioles sont stipulés.

Commune en bordure des haies, dans les friches au bord des routes et parfois dans les prés. Terrains basiques et neutres. Partout en Europe.

Tormentille (1) : fleurs à 4 pétales ; feuilles à 3 folioles ; pousse sur les sols acides légers et en terrain neutre, dans les prés, les landes et les bois. **Ansérine :** feuilles pennées vert foncé, argentées dessous ; pousse sur les talus humides, dans les prés et les friches.

Floraison : juin-septembre.

SISYMBRE OFFICINAL

30 à 90 cm *Sisymbrium officinale*

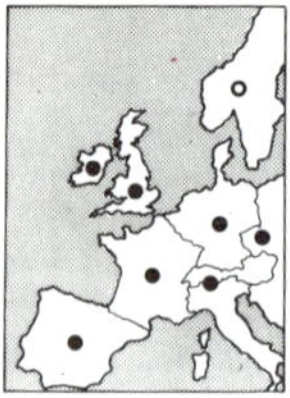

Petites fleurs jaune pâle à 4 pétales groupées en petits bouquets au sommet des tiges florifères qui se ramifient presque à angle droit sur la tige principale. Fruits : longues siliques reliées à la tige par un pédoncule.

Plante annuelle formant souvent un enchevêtrement de branches dressées et de longues tiges fructifères. Feuilles radicales disposées en rosette, profondément lobées ; feuilles caulinaires faites de 3 lobes, dont 1 très long.

Commune dans toute l'Europe au bord des routes, dans les friches et les champs cultivés.

Le sisymbre est l'une des nombreuses variétés à fleurs jaunes du type moutarde, cresson et roquette qui existent en Europe. **Moutarde des champs :** mauvaise herbe commune en terrain cultivé ; tige dressée unique ; grandes fleurs jaunes ; feuilles entières dentées ; fruit : silique articulée.

Floraison : mai-août.

SÉNEÇON COMMUN

Senecio vulgaris 5 à 45 cm

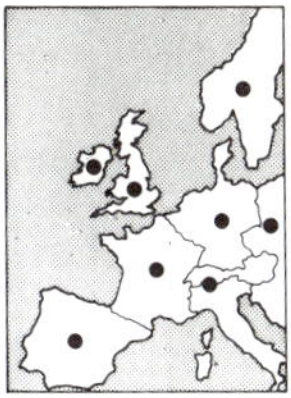

Têtes florales formées de fleurs tubulaires insérées dans des bractées vertes et formant des inflorescences à l'aisselle des feuilles supérieures. Akènes cylindriques à aigrette disséminés par le vent.

Petite plante annuelle dotée d'une tige feuillue ramifiée. Feuilles alternes irrégulièrement dentelées et parfois cotonneuses. Feuilles supérieures embrassantes à la base.

Mauvaise herbe fréquente dans toute l'Europe, dans les jardins et les cultures, au bord des routes, sur les sols pierreux.

Séneçon visqueux : pousse dans les friches et au bord des chemins ; odeur désagréable ; tiges poisseuses ; têtes florales faites de petites ligules recourbées au bout. Séneçon des bois : pousse sur sols acides et sablonneux, dans les bois découverts et les landes ; ligules recourbées ; inodore; tiges non poisseuses.

Floraison : presque toute l'année.

LAITERON ÉPINEUX

20 à 150 cm *Sonchus asper*

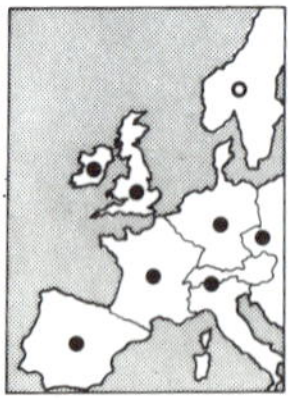

Têtes florales formant des grappes en ombelles à l'extrémité des branches des tiges. Ligules jaune d'or insérées dans des bractées vertes. Graines aplaties, brunes et côtelées, dotées d'une aigrette de poils blancs.

Plante annuelle formée d'une touffe de feuilles et d'une tige dressée, ramifiée, glabre et anguleuse. Tige creuse contenant une sève blanche. Feuilles vert foncé brillantes, épineuses, de forme variable. Feuilles supérieures arrondies, embrassantes.

Commune dans toute l'Europe, au bord des routes et des chemins, et dans les champs cultivés.

Chardon blanc : feuilles mates gris-vert à bords ondulés mais non épineux ; la base arrondie des feuilles supérieures n'est pas embrassante. Laiteron des champs : tiges souterraines rampantes ; nombreuses tiges dressées ; pédoncules et bractées des têtes florales couvertes de poils jaunes glanduleux.

Floraison : juin-septembre.

LAMPSANE COMMUNE

Lapsana communis 20 à 90 cm

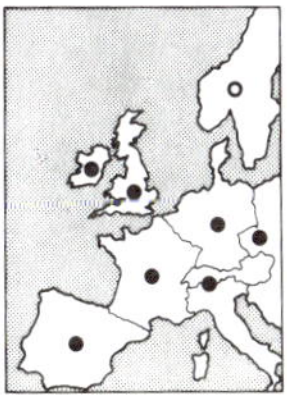

Têtes florales ouvertes par temps ensoleillé et fermées en milieu d'après-midi, formant, à l'extrémité des branches, des corymbes aplatis constitués d'un disque central jaune sale et de ligules jaune pâle. Graines brunes, côtelées et recourbées.

Plante annuelle à tige dressée ; nombreuses branches verticales dans la partie supérieure. Feuilles inférieures à longs pétioles ; limbe sagitté et lobes fixés à la base ailée. Feuilles supérieures plus petites, entières, pointues et poilues.

Fréquente dans toute l'Europe, dans les friches, au bord des routes et des chemins, le long des murs et des haies, à l'orée des bois.

Laitue sauvage : feuilles épineuses munies à la base de lobes arrondis, portées verticalement suivant un axe nord-sud quand elle pousse en plein soleil ; dans les décombres et le long des murs. Laitue puante : pousse dans les lieux herbeux ; grandes tiges (jusqu'à 2 m) ; feuilles épineuses embrassantes.

Floraison : juillet-septembre.

GRANDE CHÉLIDOINE

30 à 90 cm *Chelidonium majus*

Fleurs jaunes à longs pédoncules, en ombelles lâches à l'aisselle des feuilles supérieures, composées de 2 sépales caducs, 4 pétales et de nombreuses étamines. Fruit : capsule allongée contenant une rangée de graines noires dotées d'appendices charnus.

Plante vivace plus ou moins velue formée d'une touffe de tiges cassantes. Feuilles très découpées, comportant 5 ou 7 folioles ovales dentées, disposées en rosette à la base et sur les tiges dressées. Sève jaune corrosive et toxique.

Commune dans toute l'Europe le long des haies, sur les talus, au pied des murs, souvent près des maisons. On la cultivait autrefois pour guérir les verrues.

Pavot gallois : grandes fleurs jaunes isolées ; pousse en Europe occidentale dans les lieux ombragés et les rocailles. **Ficaire :** plante nettement plus petite, sans rapport avec la précédente ; fleurs de 8 à 10 pétales jaunes brillants.

Floraison : mai-août.

PISSENLIT D'AUTOMNE

Leontodon automnale 5 à 60 cm

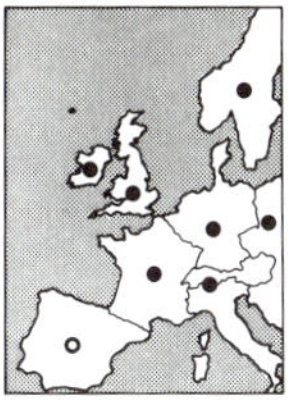

Têtes florales solitaires ne s'ouvrant qu'au soleil, portées par des pédoncules sans feuilles, et dotées à la base de bractées vertes. Nombreuses ligules jaune d'or, les latérales veinées d'orange dessous. Graines brunes avec un rang d'aigrettes.

Petite plante vivace faite d'une rosette de feuilles lancéolées plus ou moins glabres, parfois dentées au bord ou profondément lobées, avec des divisions linéaires. Rameaux florifères non ramifiés ou à une seule branche, partant de la rosette basale.

Commune dans toute l'Europe au bord des routes, dans les prés, les pâturages et les décombres.

Dent-de-lion : feuilles ondulées légèrement pubescentes, couvertes de poils fourchus ; têtes florales isolées avec ligules latérales orange ; graines dotées de deux rangs de poils blancs. **Porcelle :** ligules extérieures gris-vert ou mauves dessous.

Floraison : juin-octobre.

CRÉPIS AUTOMNAL

20 à 90 cm

Crepis capillaris

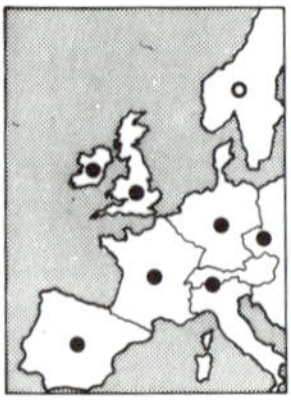

Petites têtes florales - 1 cm de diamètre - jaune vif, souvent rougeâtres dessous, insérées dans 2 rangs de bractées grisâtres munies de poils noirs, et disposées en grappes lâches au sommet des tiges dressées. Graines cannelées.

Plante annuelle ou bisannuelle formée d'une rosette basale de feuilles longues et minces, irrégulièrement dentelées ou lobées, plus ou moins poilues. Tiges florifères ramifiées portant des feuilles lancéolées, sagittées à la base et embrassantes.

Commune dans toute l'Europe dans les pâturages, les landes et les friches, le long des routes et des murs.

Il existe une variété commune de cette plante avec des têtes florales plus grandes (jusqu'à 2 cm de diamètre) et des bractées noirâtres. Crépis bisannuel : feuilles robustes non sagittées à la base ; têtes florales plus grandes (3,5 cm). **Épervières :** graines dotées seulement de 1 ou 2 rangs de poils.

Floraison : juin-septembre.

PORCELLE

Hypochoeris radicata

10 à 60 cm

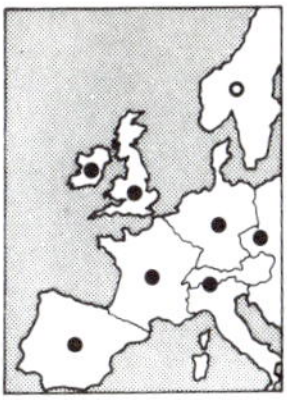

Têtes florales portées par des tiges dressées, jaune vif avec nombreuses ligules insérées dans des bractées vertes poilues au centre. Graines orange avec un long bec surmonté de 2 rangs de poils, l'un simple, l'autre à aigrettes.

Plante vivace avec une rosette de feuilles pubescentes, allongées, aux bords ondulés. Des tiges florifères partent directement de la rosette ; elles sont souvent fourchues et possèdent de nombreuses petites bractées semblables à des écailles.

Fréquente dans toute l'Europe, dans les prairies, les pâturages, les bois, les dunes, sur les gazons, au bord des routes.

Petite porcelle : petites têtes florales ne s'ouvrant qu'en plein soleil ; feuilles glabres vert pâle. **Pissenlit d'automne :** rayures rouges sous les têtes florales. **Dent-de-lion :** tiges creuses pleines d'une sève laiteuse. **Épervière :** un seul rang de poils simples. **Crépis :** graines à plusieurs rangs de poils.

Floraison : juin-septembre.

PISSENLIT OFFICINAL

5 à 30 cm *Taraxacum officinale*

Capitules solitaires à ligules jaune vif, sans disque central, portés par des tiges creuses glabres. Les ligules font place à des boules de graines caractéristiques, munies chacune d'une aigrette faite de plusieurs rangées de poils.

Petite plante vivace formant une rosette avec une racine pivotante et une touffe de feuilles vertes entières ou ondulées. Tiges florifères creuses. Blessée, la plante laisse échapper un lait blanc qui tache les doigts.

Mauvaise herbe fréquente dans toute l'Europe, dans les jardins, sur les gazons, le long des routes, dans les friches.

D'autres espèces voisines, comme la **Porcelle** et le **Pissenlit d'automne** ont des tiges rigides ne contenant pas de lait. L'**Épervière** et la **Crépide** possèdent des tiges florifères feuillues, souvent ramifiées et portant plusieurs capitules.

Floraison : principalement mars-juin.

HERBE DE SAINT-JACQUES

Senecio jacobaea 30 à 150 cm

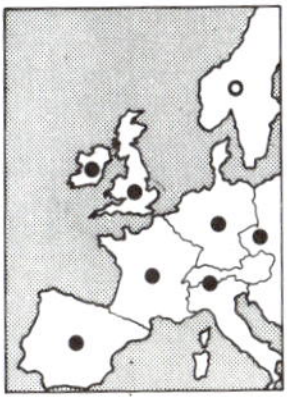

Capitules réunis en inflorescences denses à l'extrémité des branches de la tige et formés de 12 à 15 ligules jaunes et d'un disque central jaune. Graines brun foncé munies d'une aigrette de poils blanchâtres qui tombe souvent.

Plante bisannuelle ou vivace formant une rosette de feuilles éphémères et une touffe de tiges dressées ramifiées, cannelées et cotonneuses, aux feuilles très découpées, vert foncé dessus, cotonneuses dessous ; feuilles supérieures embrassantes.

Mauvaise herbe fréquente en Europe dans les friches, au bord des routes, dans les prairies et les dunes, au bord de la mer.

S. crucifolius : tiges souterraines rampantes ; pousse le plus souvent sur les pentes herbeuses, sur sol lourd. *S. aquaticus* : pousse dans les marécages, les fossés et les prés humides ; capitules moins nombreux, mais plus grands. *S. squalidus* : plante annuelle glabre, rampante, originaire du sud de l'Europe.

Floraison : juin-octobre.

PANAIS SAUVAGE

30 à 150 cm *Pastinaca sativa*

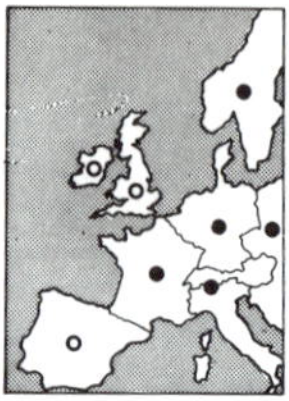

Minuscules fleurs à 5 pétales jaunes enroulés sur les bords, groupées en ombelles de 3 à 10 cm de diamètre portées par de longs pétioles, à l'aisselle des feuilles. Fruits ovales et aplatis, munis d'ailes minces et groupés par paires.

Plante bisannuelle très parfumée, formée, la première année, d'une rosette de feuilles pennées découpées, et la deuxième année d'une tige dressée, creuse et cannelée, qui porte des feuilles pennées, alternées et des ombelles de fleurs.

Commune dans toute l'Europe, dans les prés et au bord des chemins, surtout sur sol calcaire.

Fenouil ; feuilles pennées, fleurs jaunes, parfum caractéristique ; pousse dans les décombres et au bord des chemins ; originaire de l'Europe méridionale, naturalisée plus au nord. Grande ache : feuilles vert foncé dotées de folioles rhomboïdales ; fleurs jaunes ; odeur de céleri ; pousse au bord de la mer.

Floraison : juillet-septembre.

RENONCULE BOUTON D'OR

Ranunculus acris

15 à 100 cm

1 : Bouton d'or 2 : Renoncule rampante *(R. repens)*

2

1

Fleurs en forme de godet formées de 5 pétales jaune d'or se chevauchant, et portées par de longs pédoncules dressés, ramifiés. Fruits verts dotés d'un onglet, réunis en grappes, chacun contenant une graine.

Plante vivace munie d'une rosette basale d'où partent des feuilles palmées profondément découpées, à longs pétioles. Tiges ascendantes portant des feuilles similaires et des fleurs dont les longs pédoncules partent des aisselles. Sève âcre.

Abondant dans toute l'Europe dans les prairies, souvent sur terrain lourd ou humide. La Renoncule rampante est une mauvaise herbe des gazons et des jardins. Toutes toxiques.

Le bouton d'or forme des touffes de tiges ramifiées partant d'une rosette de feuilles. La Renoncule rampante a de nombreux stolons qui s'enracinent. La Ficaire *R. bulbifera* est commune dans les prairies sèches ; ses sépales sont recourbés et elle porte des bulbilles à l'aisselle des feuilles.

Floraison : mai-août.

LINAIRE COMMUNE

30 à 80 cm

Linaria vulgaris

Fleurs bilabiées à corolle jaune pâle et lèvre inférieure orange, dotées d'un long éperon, formant des épis sommitaux denses. Fruits : capsules enveloppées dans le calice persistant et renfermant des graines plates munies de larges ailes.

Plante vivace à rhizome ramifié d'où partent des tiges florifères dressées, glabres, aux feuilles linéaires vert vif.

Commune dans toute l'Europe sur les talus, au bord des routes, dans les prés et les champs cultivés.

L. arvensis : fleurs blanches ou mauves veinées de violet, avec un point orange sur la lèvre inférieure, pousse dans les endroits pierreux et secs et sur les décombres.

Floraison : juillet-octobre.

MOLÈNE, BOUILLON-BLANC

Verbascum thapsiforme 30 à 200 cm

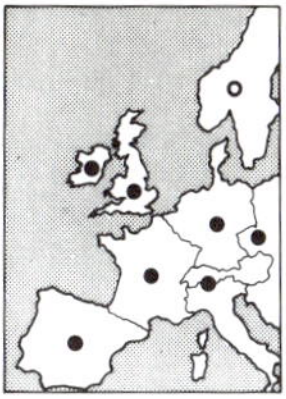

Fleurs jaunes à 5 pétales réunies en un long épi dressé, laineux, et fleurissant peu à peu. Fruits : capsules poilues.

Plante bisannuelle formant la 1re année une rosette basale avec de grandes feuilles duveteuses, et la 2e année une haute tige florifère. La base de feuilles se prolonge le long de la tige, formant un entonnoir qui canalise l'eau vers les racines.

Cette espèce pousse dans toute l'Europe au bord des routes, sur les talus ensoleillés, surtout en terrain sec.

V. lychnitis : feuilles vert foncé dessus et couvertes de poils blancs dessous ; épis de petites fleurs jaunes ou blanches. *V. nigrum* : feuilles vert foncé ; épis de fleurs jaunes tachetées de violet.

Floraison : juillet-septembre.

FICAIRE

5 à 25 cm *Ranunculus ficaria*

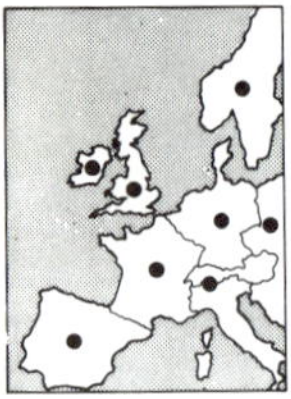

Fleurs jaunes et luisantes portées isolément par de longs pédoncules charnus, formées de 3 sépales, 8 à 10 pétales qui blanchissent en vieillissant, et de nombreuses étamines. Fruits verts dotés d'un onglet en grappes, renfermant chacun une graine.

Petite plante vivace glabre qui se multiplie par des racines tubéreuses et forme des tapis entiers. Rosettes de feuilles vert foncé brillantes, cordées et à long pétioles. Saveur âcre. Toxique.

Commune dans toute l'Europe, au printemps et au début de l'été dans les bois, sur les talus ombragés et le long des haies, au bord des rivières et dans les prés. Elle meurt en été.

Bouton d'or : feuilles divisées, mais non cordiformes ; fleurs à 5 sépales et moins de pétales. **Grande chélidoine :** plus haute ; se rattache à l'espèce des pavots ; feuilles découpées et velues ; fleurs à 4 pétales.

Floraison : mars-mai.

PRIMEVÈRE À GRANDES FLEURS

Primula vulgaris 10 à 20 cm

Fleurs solitaires portées par de longs pédoncules qui partent directement de la rosette. Corolle tubulaire pentalobée surmontant un calice cylindrique duveteux, formée de 5 pétales jaune pâle, plus foncés au centre. Fruits : capsules rondes.

Plante vivace éphémère avec une rosette de grandes feuilles ridées en spatule. Feuilles vert foncé, duveteuses et plus pâles à l'envers, rétrécies vers la base et munies de longs pétioles verts.

Commune dans toute l'Europe le long des haies, dans les bois, les prairies et les pâturages humides.

Le Coucou pousse dans les prairies sur sol alcalin ; fleurs légèrement parfumées portées en ombelle au bout de longs pédoncules pendants, jaune vif tacheté d'orange. La Primevère élevée, moins fréquente, pousse dans les bois ; fleurs semblables à celles du coucou, mais inodores et portées en grappes unilatérales.

Floraison : mars-mai.

ÉPERVIÈRE COMMUNE

20 à 90 cm *Hieracium vulgatum*

1 : Épervière piloselle *(H. pilosella)*

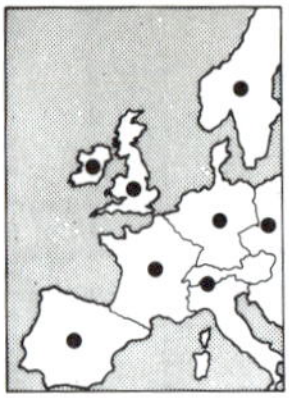

Capitules isolés, portés en inflorescence terminale aplatie ou au bout d'une longue tige à l'aisselle des feuilles, et composés de ligules jaune vif. Graines cylindriques avec 1 ou 2 rangs de poils simples, blanchâtres ou brun clair.

Plantes vivaces avec rosettes de feuilles ou feuilles disposées en spirale sur la tige florifère. Feuilles simples, souvent lancéolées, dentées ou ondulées au bord, souvent pubescentes.

Commune partout en Europe dans les bois, les endroits pierreux ombragés, au pied des murs et des talus, dans les landes.

Les nombreuses espèces d'épervières d'Europe sont difficiles à distinguer. Épervière piloselle (1) : fleurs jaune pâle rayées de rouge dessous ; se multiplie par des stolons. **Crépis :** ont plusieurs rangs de poils sur leurs graines. Les poils des graines de *Hypochoeris stp.* et du **Pissenlit** ont une aigrette.

Floraison : juin-octobre.

MILLEPERTUIS PERFORÉ

Hypericum perforatum 30 à 90 cm

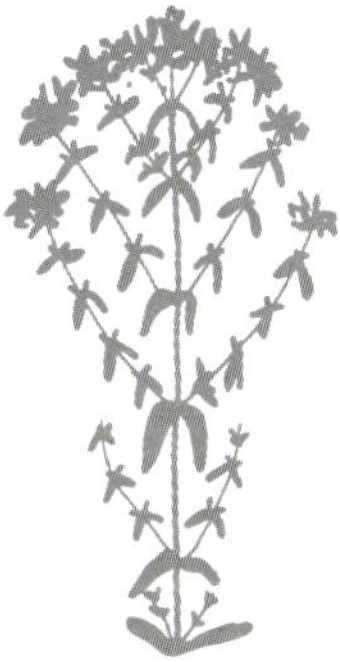

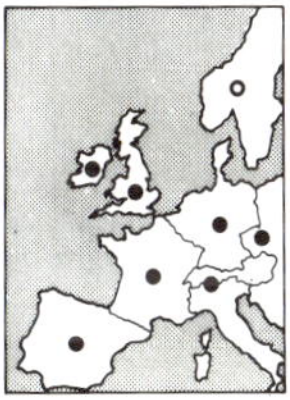

Fleurs nombreuses disposées en bouquets ramifiés, au sommet des rameaux, comportant 5 pétales jaunes pointillés de noir et - comme toutes les espèces de Millepertuis - de très nombreuses étamines groupées au centre.

Plante vivace ramifiée et glabre donnant des rejets feuillus. Tiges dressées portant de nombreuses feuilles opposées, sessiles et ovales, qui semblent criblées de petits trous.

Commune dans toute l'Europe dans les prairies, les clairières, sur les talus herbeux et le long des haies.

Millepertuis velu : feuilles pubescentes ovales et fleurs jaune pâle ; pousse dans les haies et les lieux ombragés. Hypéric élégant : pétales brunâtres ; pousse dans les bois et les prés, en terrain acide. *H. latifolium :* voisin, mais ses feuilles ne portent pas de trous.

Floraison : juin-septembre.

CAILLE-LAIT JAUNE

15 à 100 cm *Galium verum*

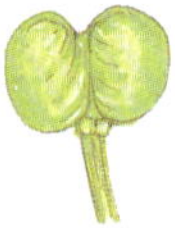

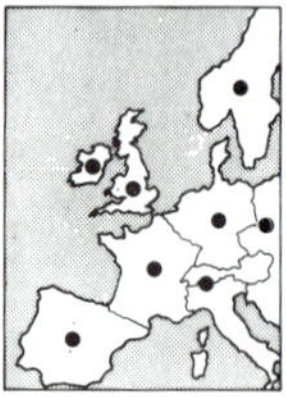

Nombreuses fleurs jaune vif formant des verticilles denses à l'extrémité des branches principales. Fleurs petites, en entonnoir, avec 4 pétales aux lobes pointus. Fruits : petits, glabres et lisses, d'abord verts, puis noirs.

Plante vivace formée d'une touffe de tiges ramifiées, dressées, carrées, à peine poilues, qui portent des verticilles de 8 à 12 feuilles en aiguille, vert foncé dessus, plus pâles dessous. La plante noircit en séchant et sent le foin.

Commune dans toute l'Europe, dans les prés, le long des haies et des routes, et sur les dunes de sable fixes.

Croisette : pousse dans les bois et le long des haies ; tiges faiblement dressées ; feuilles elliptiques pointues en verticilles de 4, couvertes de longs poils blancs hérissés ; verticilles de fleurs jaune pâle à l'aisselle des feuilles.

Floraison : juin-septembre.

LOTIER CORNICULÉ

Lotus corniculatus — 10 à 40 cm

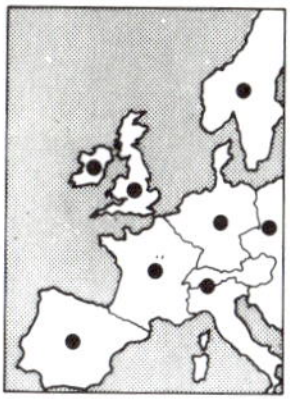

Fleurs de pois jaunes, parfois rayées de rouge groupées en verticilles au bout d'un long pédoncule. Fruits : gousses devenant brun-marron à maturité ; les valves s'enroulent en spirale après ouverture.

Petite plante couvre-sol vivace, légèrement pubescente, dotée de nombreuses tiges minces et ramifiées plus ou moins fragiles. Feuilles à 5 folioles, dont 2 à la base du pétiole.

Commun dans toute l'Europe, dans les endroits herbeux et secs, dans les dunes et les prés, et au bord des routes.

Lotier des marais : dans les endroits herbeux et humides ; tiges creuses dressées ; se développe par des rameaux souterrains. Beaucoup de petites légumineuses couvre-sol à fleurs jaunes, entre autres, la luzerne et le trèfle des champs, mais leurs fleurs sont plus petites et solitaires.

Floraison : juin-août.

ORPIN BRÛLANT

2 à 10 cm *Sedum acre*

Fleurs groupées en corymbes au sommet des tiges florifères ; corolle à 5 pétales pointus disposés en étoile. Fruit : follicule brun en forme d'étoile.

Plante vivace possédant un rhizome rampant qui donne naissance à des tiges ascendantes courtes et feuillues, ou longues et florifères. Feuilles vert foncé sessiles, obtuses et charnues, à la saveur brûlante et amère.

Commun dans toute l'Europe dans les rocailles et les murs, sur les coteaux secs, surtout en terrain calcaire.

Orpin réfléchi : rameaux florifères plus longs, fleurs à 7 pétales. Moins répandu dans la nature, il est cultivé, par contre, dans les jardins. Orpin blanc : plus grand ; inflorescence terminale faite de fleurs blanches en étoile ; pousse sur les murs et les toits.

Floraison : juin-juillet.

TUSSILAGE PAS D'ÂNE

Tussilago farfara 20 à 30 cm

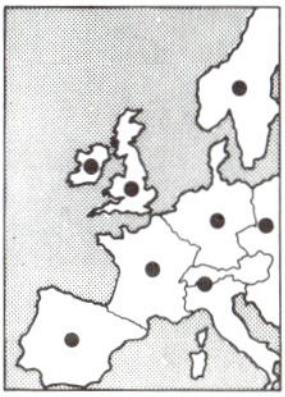

Tiges dressées apparaissant avant les feuilles, couvertes d'écailles linéaires violettes ou vertes. Elles atteignent 15 cm et portent des capitules terminaux formés d'un disque jaune entouré de ligules jaunes. Graines à aigrette blanche.

Plante vivace formée d'une souche rampante écailleuse et d'une rosette de feuilles. Feuilles à longs pétioles aux grands limbes pointus, cordiformes, légèrement lobés, atteignant 30 cm de diamètre. Jeunes feuilles couvertes d'un duvet blanc.

Commune dans toute l'Europe dans les friches, au bord des routes et des talus, dans les cultures (mauvaise herbe), au bord des cours d'eau, dans les éboulis et les dunes.

Aucune autre plante ne ressemble au Tussilage en fleur. Pétasites : grande plante des prés humides et des ruisseaux ; feuilles ressemblant, en plus grand (jusqu'à 90 cm), à celles du tussilage ; fleurs mauves formant des capitules ovoïdes qui apparaissent avant les feuilles au sommet des tiges.

Floraison : février-avril.

IRIS JAUNE

40 à 150 cm *Iris pseudacorus*

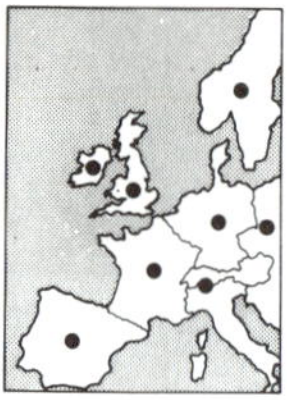

Grandes fleurs jaune vif formées de 3 pétales externes recourbés, souvent veinés de violet, et de 3 pétales internes dressés, portées par de hautes tiges et entourées de bractées vertes. Fruits : capsules elliptiques avec graines brunes.

Plante vivace à grosse souche souterraine d'où partent des feuilles dressées en forme de glaive. Les tiges florifères ramifiées poussent séparément ; elles sont souvent moins hautes que les feuilles et légèrement aplaties.

Commun dans toute l'Europe, sur les rives des étangs et des canaux, dans les fossés, les marécages et les bois humides.

Iris puant : pousse dans les bois et les haies, ou sur les falaises, au bord de la mer ; froissées, les feuilles dégagent une odeur fétide ; fleurs violet clair veinées de jaune, suivies de capitules de graines rouge vif qui restent attachées aux capsules une fois ouvertes.

Floraison : mai-juillet.

Autres Espèces Communes

1

2

3

4

5

Populage (1) Touffe de feuilles glabres, cordiformes, à longs pétioles. Fleurit au printemps. Prés humides, bois, bords de ruisseaux. Tte Eur.
Mimule (2) Tiges rampantes et tiges dressées feuillues ; fleurs bilabiées. Bords de ruisseaux, marécages. Plupart de l'Eur. Juin-sept.
Asphodèle des marais (3) Fleurs à 6 pétales et étamines laineuses au bout orange. Feuilles linéaires. Landes humides acides, marais. Tte Eur. Juil-août.
Ansérine (4) Tapis de feuilles pennées vert cendré à folioles dentées, axillant des fleurs solitaires. Lieux herbeux humides. Tte Eur. Juin-août.
Lysimaque commune (5) Grande touffe de tiges feuillues axillant en haut des verticilles de fleurs. Marais, rives d'étangs et de rus. Tte Eur. Juin-août.

Autres Espèces Communes

1

2

3

4

Hélianthème (1) Plante couvre-sol à tiges minces et feuilles opposées. Dunes et prés calcaires. Tte Eur. Mai-août.
Trèfle douteux (2) Petite plante à tiges minces et feuilles en trèfle axillant de petits capitules de fleurs. Lieux herbeux. Tte Eur. Juin-sept.
Benoîte commune (3) Touffe de feuilles trilobées à longs pétioles. Fleurs suivies de fruits à excroissances crochues. Plupart de l'Eur. Mai-sept.
Aigremoine (4) Tige dressée portant des feuilles pennées dentées et des épis de petites fleurs, puis de fruits coniques épineux. Tte Eur. Juin-sept.
Alchémille (5) Rosettes de feuilles poilues à lobes arrondis. Rameaux de fleurs à longs pédoncules. Bois et prés. Tte Eur. Mai-sept.

5

Autres Espèces Communes

1

2

3

Moutarde des champs (1) Tige dressée ramifiée. Grandes feuilles poilues. Grappes de fleurs s'allongeant. Cultures et friches, talus. Tte Eur. Mai-juil.
Petite rhinante (2) Tiges dressées. Feuilles opposées dentées. Épis de fleurs bilabiées. Graines enfermées dans la capsule. Prés. Tte Eur. Mai-août.
Verge d'or (3) Tiges feuillues ramifiées avec fleurs en épis apicaux lâches. Graines à aigrette poilue. Prés, bois. Tte Eur. Juil-sept.
Dompte-venin (4) Plante feuillue dressée. Cymes de fleurs blanc-jaunâtre. Bois, rocailles, friches, Eur. sauf Grande-Bretagne. Juin-sept.
Narcisse des prés (5) Touffes de feuilles linéaires. Tiges portant fleurs solitaires. Bois humides, vergers, prés. Plupart de l'Eur. Mars-mai.

4

5

GRAND PLANTAIN

5 à 40 cm *Plantago major*

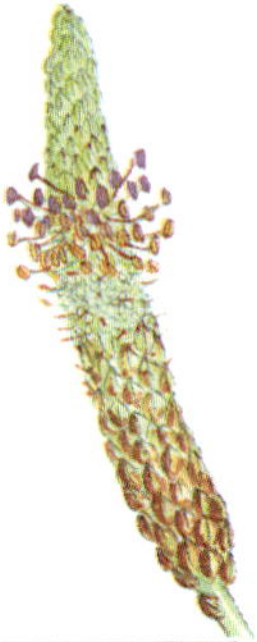

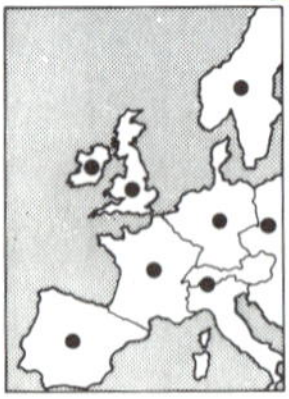

Fleurs en épis de 30 cm de long qui paraissent vertes à cause de la petitesse des pétales blancs. Anthères visibles, d'abord mauves, puis jaunâtres. Épis fructifères de même forme mais bruns, portant de minuscules fruits durs.

Plante vivace formant une rosette de nombreuses feuilles larges, arrondies, à peine pubescentes, à longs pétioles - jusqu'à 20 cm de long - et fortement nervurées.

Fréquente dans toute l'Europe, dans les lieux découverts, au bord des chemins, dans les décombres, les cultures, les cours de ferme et les jardins.

Plantain bâtard : feuilles similaires à celles du Grand Plantain, mais épis floraux plus courts et étamines violettes. Autre espèce très commune, le Plantain lancéolé : longues feuilles étroites dressées ; longues tiges portant des épis de fleurs dodus, aux étamines blanches bien visibles.

Floraison : mai-octobre.

CHÉNOPODE

Chenopodium album 20 à 60 cm

Petites fleurs formées de 5 pétales verts, réunies en épis denses eux-mêmes composés de petites grappes de fleurs. Graines brunes contenues dans les pétales persistants.

Plante herbacée annuelle aux tiges rougeâtres et cotonneuses (couvertes de poils vésiculeux) et aux grandes feuilles, celles du bas larges, ondulées et rhomboïdales, celles du haut lancéolées, vert foncé dessus et cotonneuses dessous.

Commune dans toute l'Europe, dans les cours de ferme, les champs cultivés, les décombres et au bord des routes, notamment sur les sols riches en azote.

Herbe du roi Henri : plante vivace voisine du chénopode qui pousse aussi dans les cours de ferme et sur les talus ; feuilles hastées, cotonneuses quand elles sont jeunes. On trouve d'autres chénopodes moins communs au bord de la mer, et sur les décombres.

Floraison : juillet-octobre.

EUPHORBE

10 à 90 cm *Euphorbia peplus*

1 : Euphorbe réveille-matin *(E. helioscopia)*

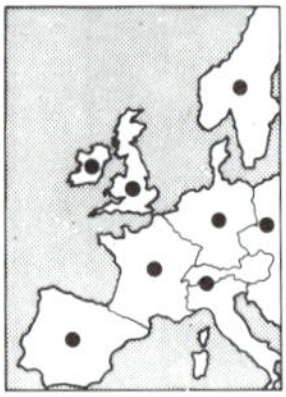

Fleurs mâles et femelles séparées, petites, vertes, cupulaires, bordées de glandes arrondies munies d'une longue corne. Elles sont entourées de bractées et disposées en ombelles lâches. Fruits : capsules striées à 3 loges.

Plante annuelle à tige dressée, ramifiée, lisse et glabre, couverte de feuilles vert vif, ovales, à pétioles courts, alternes en bas de la tige et opposées par paires plus haut. Tiges contenant un latex blanc toxique.

Commune dans toute l'Europe au bord des routes, dans les friches et comme mauvaise herbe des jardins et des cultures.

Beaucoup d'autres euphorbes sont de mauvaises herbes annuelles avec une souche ramifiée et des ombelles apicales de fleurs vertes. D'autres, comme l'Euphorbe amandier, sont des plantes rampantes vivaces pourvues de nombreux rejets feuillus.

Floraison : avril-novembre.

SAGINE COUCHÉE

Sagina procumbens

5 cm

Fleurs solitaires pédonculées dressées à l'aisselle des feuilles, formées de 5 sépales verts en forme de casque et 4 petits pétales blancs. Les pédoncules, pendants à la fin de la floraison, se redressent quand les capsules fructifères mûrissent.

Petite plante vivace rampante vert vif, dotée d'une rosette centrale dense d'où partent des tiges longues et fines racinantes. Ces tiges sont couvertes de minuscules feuilles linéaires opposées et se dressent pendant la floraison.

Mauvaise herbe poussant dans les jardins, sur les gazons, les talus et au bord des rivières, dans toute l'Europe.

Entre autres variétés de Sagine, citons la Sagine commune dotée d'une rosette centrale lâche et de tiges florifères plus ou moins dressées ; la Sagine noueuse qui forme des touffes de tiges portant des stipules minuscules à l'aisselle des feuilles, commune dans les endroits humides.

Floraison : mai-septembre.

OSEILLE FRISÉE

50 à 100 cm *Rumex crispus*

1 : Oseille frisée 2 : *R. conglomeratus*

Fleurs brun verdâtre portées en verticilles sur de grands épis dressés ramifiés. Fruits : plus colorés que les fleurs, triangulaires, souvent dotés aux angles de 3 renflements rouges inégaux.

Mauvaise herbe vivace haute formée d'une longue racine pivotante d'où part une touffe de grandes feuilles longuement pétiolées de formes différentes selon les espèces. Traditionnellement employé contre les piqûres d'orties.

Commune dans toute l'Europe sur les décombres, dans les champs cultivés et les jardins comme mauvaise herbe, dans les prés et les dunes, sur les plages de galets.

Espèces communes : Oseille frisée (1) : feuilles linéaires aux bords frisés ; patience sauvage : feuilles ondulées au bord ; Rumex (2) : fleurs en verticilles très espacées dans l'épi. Oseille des brebis et **Oseille commune :** mauvaises herbes répandues dans les landes et les prairies.

Floraison : été. Fructification : automne.

GRANDE ORTIE

Urtica dioica

30 à 150 cm

Fleurs petites et sans pétales, formant des apicules verts à l'aisselle des feuilles, les fleurs mâles et femelles étant sur des pieds séparés. Fruits : petits akènes ressemblant à des graines, contenus dans le calice persistant.

Grande plante vivace formée d'une touffe de tiges quadrangulaires dressées. Feuilles vert foncé, ovales, dentelées, opposées par paires. Toute la plante est couverte de poils urticants.

Commune dans toute l'Europe, dans les broussailles et les cultures, le long des routes, dans les bois et les haies.

L'Ortie brûlante, moins courante, est une plante annuelle ne dépassant pas 30 cm ; feuilles profondément dentelées ; fleurs mâles et femelles sur la même plante. Ne pas confondre avec l'**Ortie blanche,** dépourvue de poils urticants et portant de grandes fleurs en forme de casque.

Floraison : juin-août.

MERCURIALE VIVACE

15 à 40 cm *Mercurialis perennis*

♂

♀

Petites fleurs vertes, insignifiantes, sans pétales, mâles et femelles séparées, portées à l'aisselle des feuilles au bout de longs pédoncules, les mâles en grappes, les femelles solitaires ou par 2 ou 3. Fruits : capsules bivalves poilues.

Plante vivace pubescente formée d'une souche rampante d'où part une tige dressée, feuillue, non ramifiée. Feuilles vert foncé, ovales, pointues, dentées et opposées. Plante très toxique à l'odeur fétide.

Commune dans toute l'Europe dans les bois et les lieux ombragés, et dans les rocailles, sur sol fertile. Forme souvent un tapis.

La Mercuriale annuelle, plante glabre, pousse sur les décombres. Fleurs mâles et femelles sont sur des pieds séparés, les femelles, non pédonculées, en grappes à l'aisselle des feuilles et les mâles longuement pédonculées.

Floraison : février-mai.

GOUET OU PIED-DE-VEAU

Arum maculatum 20 à 50 cm

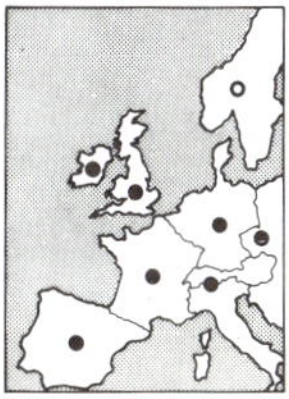

La fleur est un long épi violet terne, abrité dans une spathe vert pâle tachetée, dont la base renferme les étamines mâles et les ovaires femelles. A la fin de l'été, les ovaires deviennent des épis de baies rouges toxiques.

Plante vivace formant une touffe de grandes feuilles sagittées longuement pétiolées et donnant chaque printemps un épi de fleurs. Feuilles souvent tachetées de brun, lisses, brillantes et glabres. Sève âcre et irritante.

Commune le long des haies et des talus, dans les bois et les lieux ombragés, surtout sur sol calcaire. Fréquente dans la plus grande partie de l'Europe, sauf dans le Nord et en Écosse.

A. italicum : épi jaune et spathe jaune pâle ; feuilles apparaissant à l'automne et en hiver ; jeunes feuilles souvent veinées de blanc. Originaire du sud et de l'ouest de l'Europe, mais souvent cultivée ailleurs.

Floraison : avril-mai. Fructification : juillet-août.

LISTERA OVALE

20 à 60 cm *Listera ovata*

Fleurs vertes munies d'une longue lèvre inférieure pendante, fourchue, jaune-vert, au centre de laquelle scintille le nectar. Portées par un pédoncule court, elles forment un long épi à l'extrémité de la tige. Fruits : capsules globulaires.

Plante vivace formée d'une grosse souche poilue d'où partent, au printemps, des feuilles opposées, largement ovales et pointues au bout, pourvues de 3 à 5 nervures marquées. Entre ces feuilles basales se dresse la tige florifère.

Commune dans toute l'Europe, dans les bois, les broussailles et les prés, généralement les lieux humides ; également dans les chemins ombragés. Plus commune sur sol basique.

Spirante : fleurs blanches portées en un épi torsadé ; prairies et pâturages humides. Helléborine : tiges florifères portant des feuilles ovales et pointues disposées en spirale ; fleurs vertes ou violet clair, munies d'un capuchon violet et d'une lèvre inférieure pointue en forme d'épuisette.

Floraison : mai-juillet.

Aphanante (1) Petite plante aux feuilles lobées et aux fleurs non pédonculées en grappes. Cultures et friches. Plupart de l'Eur. Mai-août.
Germandrée scorodoine (2) Tiges dressées portant de longs épis de fleurs en tube. Bois, landes. Eur. de l'O. et Centrale. Juin-sept.
Gaude (3) Tige dressée se terminant par un long épi de fleurs à 4 pétales divisés. Cultures, friches. Plupart de l'Eur. Mai-oct.
Arroche des champs (4) Plante ramifiée à grandes feuilles et épis de fleurs sans pétales. Friches et chemins, souvent bord de mer. Tte Eur. Juil.-oct.
Oseille commune (5) Tige dressée ; grandes feuilles ; épis ramifiés de fleurs vertes, puis de fruits rouge-vert. Prés et bois découverts. Tte Eur. Mai-août.

CHICORÉE SAUVAGE

30 à 120 cm *Cichorium intybus*

Fleurs groupées en capitules à l'aisselle des feuilles supérieures, composées de nombreuses ligules bleu vif. Elles s'ouvrent tôt le matin et se referment peu après midi. Graines brun clair surmontées d'une bordure écailleuse.

Plante vivace formant une touffe dressée de tiges ramifiées, cannelées, souvent poilues. Feuilles disposées en spirale ; feuilles basales longues aux bords ondulés et dentés ; feuilles supérieures plus simples et plus petites, parfois embrassantes.

Commune dans toute l'Europe le long des routes et dans les décombres, les prés et les terrains incultes.

La Chicorée blanche peut s'adapter dans le sud de l'Europe ; plante annuelle avec tiges renflées sous les capitules de fleurs. Le Bleuet pousse dans les décombres et les champs de blé : plante annuelle aux feuilles gris-vert ; fleurs composées de ligules bleu vif à la périphérie et de ligules rouge-violet au centre.

Floraison : juin-octobre.

MYOSOTIS

Myosotis arvensis

15 à 30 cm

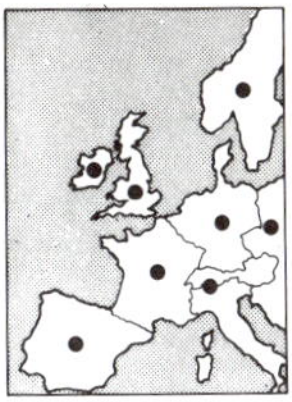

Fleurs bleu vif faites d'une corolle à 5 pétales, à gorge jaune, et d'un calice campanulé doté de poils crochus, formant des grappes unilatérales qui s'allongent après la fructification. Fruits : akènes brun foncé, brillants, pris dans le calice.

Plante annuelle ou vivace constituée d'une petite rosette de feuilles ovales, duveteuses et de tiges florifères fragiles. Feuilles caulinaires alternées, sessiles, oblongues ou lancéolées, couvertes de poils hérissés.

Commune partout en Europe, dans les bois, les champs cultivés et les dunes.

Il existe de nombreuses espèces de myosotis en Europe. Le Myosotis des marais pousse près des rivières et des étangs, dans les marécages et les lieux humides en montagne. Le Myosotis versicolore a de minuscules fleurs d'abord jaune-blanc, puis bleues.

Floraison : avril-juillet.

LIERRE TERRESTRE

5 à 30 cm *Glechoma hederacea*

Fleurs poussant en verticilles à l'aisselle des feuilles supérieures des tiges ascendantes. Corolle bilabiée bleu-violet, formée d'un tube duveteux. Fruits : 4 akènes lisses regroupés dans le calice.

Plante vivace avec de longues tiges rampantes portant des racines au niveau des nœuds. Feuilles duveteuses, réniformes, opposées par paires, rougeâtres au bord si exposées au soleil. Rameaux traçants se dressant pour porter les fleurs.

Sites en friches, bordures de haies, bois et prairies, surtout sur les sols lourds et humides. Partout en Europe.

Ortie blanche : feuilles ovales et pointues. **Bugle rampante :** feuilles lisses aux bords ondulés, avec des rosettes de feuilles naissant là où les rameaux traçants s'enracinent.

Floraison : mars-mai.

BRUNELLE OU CHARBONNIÈRE

Prunella vulgaris 5 à 30 cm

Fleurs bleu-violet bilabiées ; lèvre supérieure en casque, lèvre inférieure trilobée ; calice duveteux violacé. Réunies en épis au sommet de la tige, entre des bractées ciliées d'un brun violet. Fruits : 4 akènes cannelés.

Petite plante vivace formée de tiges rampantes anguleuses et feuillues, stériles ou florifères. Les tiges ascendantes portent des fleurs en épis. Feuilles opposées, simples, ovales, vert sombre.

Commune dans toute l'Europe sur les pelouses, dans les prés, les friches et les bois découverts.

P. laciniata : commune dans presque toute l'Europe sauf le Nord ; feuilles linéaires profondément découpées. Brunelle à grandes fleurs : très répandue aussi, sauf dans l'ouest et le nord ; fleurs (2 à 2,5 cm de long) deux fois plus grandes que celles de la Brunelle.

Floraison : juin-septembre.

MORELLE DOUCE-AMÈRE

30 à 200 cm *Solanum dulcamara*

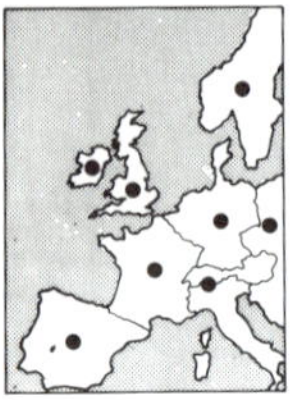

Fleurs violettes faites de 5 pétales formant une corolle en tube dont les lobes sont recourbés au bout, et de 5 anthères jaunes réunies en cônes. Elles sont disposées en corymbes sommitales pendantes. Fruits : baies rouges vénéneuses.

Plante vivace ligneuse à feuilles alternées, longuement pétiolées, dont les limbes sont cordiformes ou sagittés, avec souvent d'autres lobes plus petits à la base.

Courante dans toute l'Europe sur les décombres, le long des haies et des clôtures, dans les bois et sur les plages rocheuses.

Morelle noire : mauvaise herbe des jardins et des lieux incultes ; feuilles triangulaires mates, vert foncé, et grappes de fleurs blanches faisant place à des baies noires. **Morelle jaune :** feuilles gris-vert duveteuses ; fruits jaunes ; absente du nord et l'ouest de l'Europe.

Floraison : juin-septembre.

VESCE CRAQUE OU JAROSSE

Vicia cracca 50 à 200 cm

1 : Vesce craque *(Vicia cracca)* 2 : Vesce commune *(V. sativa)*

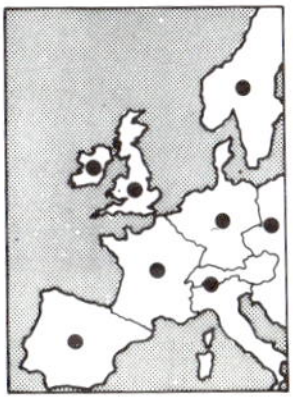

Fleurs du type légumineuse, mais dont les ailes sont attachées à la carène, généralement bleues ou violettes, simples, portées en petites grappes ou en longs rameaux à l'aisselle des feuilles. Fruits : gousses aplaties à deux valves.

Plante volubile annuelle à vivace aux tiges fines et anguleuses, présentant des vrilles sur les feuilles. Feuilles alternes, pennées, portant généralement 6 à 20 folioles opposées, et une vrille simple ou ramifiée à leur extrémité.

Commune dans toute l'Europe dans les champs, les bois, les fourrés et les broussailles, et le long des haies.

Il existe plusieurs espèces de Vesce très répandues : Jarosse : nombreuses fleurs bleues en grappes unilatérales ; Vesce commune (2) : fleurs violettes solitaires ou par paires ; Vesce des haies : grappes de 4 à 6 fleurs à courts pédoncules ; Grande Vesce des montagnes : fleurs blanches veinées de bleu sur de longs rameaux.

Floraison : mai-septembre.

VÉRONIQUE PETIT-CHÊNE

10 à 40 cm *Veronica chamaedrys*

1 : Petit-chêne 2 : Officinale *(V. officinalis)*

1

2

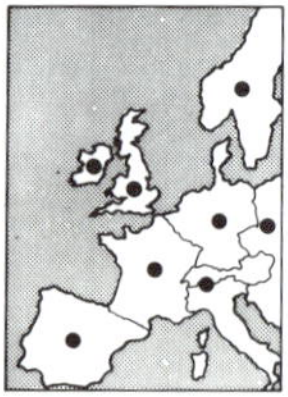

Fleurs généralement bleues, simples, disposées en grappes terminales ou à l'aisselle des feuilles. Corolle en tube à 4 lobes, le lobe supérieur étant plus grand que les autres. Fruits : capsules enfermées dans les pétales persistants.

Plante annuelle ou vivace, rampante ou à port dressé, formant un tapis dense ou des touffes de tiges aux feuilles opposées, simples, souvent dentées, glabres ou légèrement duveteuses. Mauvaise herbe, mais aussi cultivée.

Répandue dans toute l'Europe, sur les gazons, le long des haies, dans les bois, les prés et les champs incultes. Certaines espèces ont une prédilection pour les rivières et les marais.

Véroniques Petit-Chêne et officinale : communes dans jardins, bois, prés. Véronique feuilles de serpolet : fleurs bleu pâle, souvent solitaires ; pousse dans les landes et les prés, comme la Véronique des champs. Grand mouron d'eau et Bécabongue : poussent dans les étangs et les cours d'eau.

Floraison : mars-septembre.

VIOLETTE RIVINIANA

Viola riviniana 2 à 20 cm

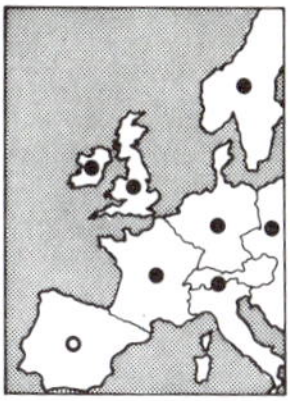

Fleurs inodores bleu-violet se distinguant par leurs 5 pétales qui se prolongent en arrière par un éperon blanchâtre, dotées d'un pédoncule et situées à l'aisselle des feuilles. Au lieu de s'ouvrir, les fleurs tardives donnent des capsules.

Plante vivace formant une touffe de feuilles à longs pétioles et de tiges fines qui portent des feuilles et des fleurs. Feuilles en forme de cœur arrondi, munies de stipules frangés à la base du pétiole.

Commune dans toute l'Europe, dans les bois et les pâturages, le long des haies, souvent à l'ombre, mais en terrain sec.

Violette des bois : pousse sur les talus et dans les broussailles en terrain alcalin ; se distingue de la précédente par ses tiges rampantes, feuilles cordiformes et fleurs bleues.

Floraison : avril-juin.

BUGLE RAMPANTE

10 à 30 cm *Ajuga reptans*

Fleurs bleu-violet, duveteuses, bilabiées, avec une lèvre supérieure plus courte que la lèvre inférieure découpée en 3 lobes. Les étamines dépassent du tube de la corolle. Calice campanulé à 5 dents, persistant. Fruit formé de 4 akènes rugueux.

Plante vivace rampante montrant de longs rejets feuillus avec des nœuds d'où partent des feuilles en rosette. Feuilles lisses, glabres, longuement pétiolées, ovales et au bord ondulé. Des tiges florifères à feuilles opposées partent des rosettes.

Sites humides, bois et prairies de toute l'Europe.

Scutellaire : pousse près de l'eau et dans les prés humides ; tiges dressées ramifiées, feuilles lancéolées, dentées, opposées par paires, fleurs bleu-violet. Balotte noire : croît le long des haies, porte à l'aisselle des bractées des verticilles de fleurs violettes tachetées de blanc. Odeur âcre.

Floraison : mai-juillet.

PETITE PERVENCHE

Vinca minor

30 à 60 cm

Fleurs bleues isolées au bout de longs pédoncules, à l'aisselle des feuilles. Corolle à 5 pétales soudés à la base, avec un cercle blanc au centre. Fruits : follicules doubles partant de chaque fleur.

Plante frutescente à feuilles persistantes, racines rampantes et racinantes donnant des nœuds d'où partent de courtes tiges feuillues dressées. Feuilles elliptiques au bout pointu, glabres, à pétiole court, opposées par paires.

Commune dans les bois et les rocailles, dans presque toute l'Europe sauf dans le Nord.

Grande Pervenche : 1 m de haut ; tiges minces et souples s'enracinant au bout, si elles touchent le sol ; feuilles ovales et pointues ou cordiformes ; fleurs bleu vif formant de petites grappes à l'aisselle des feuilles supérieures.

Floraison : mars-mai.

JACINTHE DES BOIS

20 à 50 cm *Hyacinthoides non-scripta*

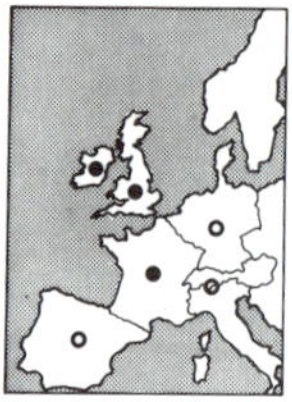

Fleurs cylindriques bleu vif, munies de 3 pétales et 3 sépales similaires soudés à la base, portées en grappes unilatérales au bout de longs pédoncules glabres ; boutons dressés. Capsules pleines de graines noires s'ouvrant en 3 à maturité.

A partir de bulbes souterrains pousse au printemps un tapis de feuilles linéaires pleines de sève. Ces feuilles meurent en été. Fleurs portées par des tiges séparées.

Commune dans les bois, le long des haies et sur les talus ou dans les prés au bord de la mer, en Europe de l'Ouest, de la Grande-Bretagne à l'Espagne.

H. hispanica : feuilles plus larges et capitules coniques de fleurs dressées, campanulées, bleu pâle ; originaire d'Europe du Sud, mais cultivée au nord. **Campanule à feuilles rondes :** petite plante non voisine ; feuilles cordiformes et fleurs campanulées à 5 lobes.

Floraison : avril-mai.

SCABIEUSE DES CHAMPS

Knautia arvensis 25 à 100 cm

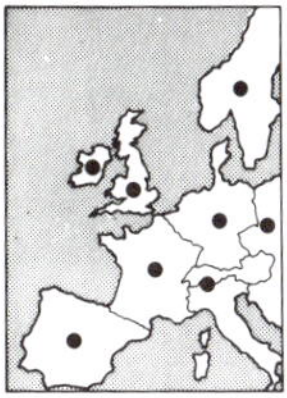

Fleurs bleu violacé formant au bout de longs pédoncules des têtes denses, circulaires, aplaties, atteignant 4 cm de diamètre. Chaque tête contient jusqu'à 50 fleurs. Les fleurs latérales ont des pétales plus longs. Fruits bruns et poilus.

Plante vivace gris-vert couverte de poils raides pointant vers le bas, dotée d'une rosette de feuilles simples d'où partent, en été 1 ou 2 tiges dressées ; feuilles opposées, de plus en plus découpées vers le haut de la tige.

Commune dans toute l'Europe dans les prés secs et les pâturages, sur les talus et les coteaux herbeux, au bord des routes.

Colombière à petite tête : plante voisine ; têtes florales convexes ; chaque fleur a un calice comportant 5 dents poilues (celui de la scabieuse des champs a 8 à 16 dents) qui demeurent sur les fruits sous forme de poils noirs et brillants. Herbe du diable : prés humides, bois découverts. Toutes les fleurs sont les mêmes.

Floraison : juin-octobre.

CAMPANULE À FEUILLES RONDES

15 à 50 cm *Campanula rotundifolia*

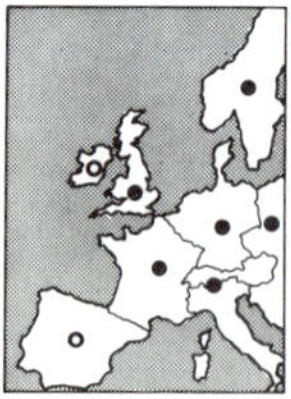

Fleurs campanulées bleues, pendant au bout de longs pédoncules sur des tiges fragiles ; boutons dressés. Fleurs formées de sépales linéaires et de 5 pétales. Fruit : capsule arrondie à 5 sections s'ouvrant à la base pour libérer les graines.

Petite plante vivace fragile formée d'une rosette de feuilles cordiformes d'où partent plusieurs tiges dressées fines et raides. Feuilles linéaires alternes, vert foncé.

Fréquente dans toute l'Europe, dans les prés secs, les landes et les pâturages, sur sol pauvre, et aussi dans les dunes et les bois découverts.

Campanule gantelée : grande plante des bois et des haies ; fleurs campanulées formant des épis à l'extrémité de tiges feuillues dressées. D'autres campanules sont cultivées dans les jardins. Jacinthe des bois : plante des bois non voisine ; feuilles linéaires tombantes ; grappes de fleurs unilatérales.

Floraison : juillet-octobre.

MAUVE SAUVAGE

Malva sylvestris — 40 à 100 cm

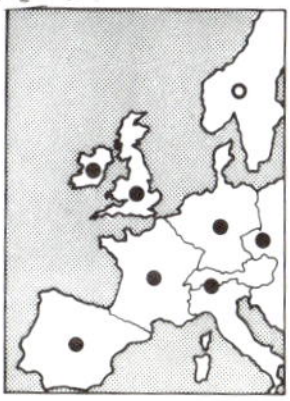

Grandes fleurs formant des grappes à l'aisselle des feuilles supérieures. Corolle lilas à violet avec des veines foncées, formée de 5 pétales échancrés nettement séparés. Fruits : capsules de graines réniformes, enveloppées dans le calice persistant.

Plante annuelle ou vivace ayant une grosse tige ramifiée et poilue. Feuilles pentalobées à longs pétioles, surtout les radicales formant la rosette de la base ; les caulinaires alternes sont dotées d'un stipule à la base du pétiole.

Commune dans toute l'Europe, au bord des routes et dans les décombres.

Fromageon : plante annuelle rampante atteignant 60 cm ; feuilles réniformes et fleurs blanches veinées de mauve. Mauve musquée : tige dressée avec des feuilles radicales réniformes et des caulinaires divisées ; fleurs roses poussant à l'aisselle des feuilles.

Floraison : mai-septembre.

CIRSE LANCÉOLÉ

30 à 150 cm *Cirsium vulgare*

1 : Cirse des champs *(C. arvense)*

Capitules de fleurs composées d'une « base » arrondie poilue soutenant une riche grappe de fleurs tubulaires violettes à rouge-violet ; têtes solitaires ou en grappes au sommet de la tige. Graines à aigrette.

Plante bisannuelle ou vivace, épineuse, composée de tiges dressées et de feuilles disposées en spirale, profondément dentelées ou découpées munies d'une épine au bout. Certaines espèces ont des tiges épineuses.

Commune dans toute l'Europe dans les friches, les cultures et les jardins, au bord des routes, dans les pâturages.

Chardon des marais : tiges munies d'étroites ailes. Chardon à feuilles variées : prés et bois ; tiges sans ailes, feuilles plates bordées d'épines ; fleurs en tête. Chardon nain : rosette plate de feuilles épineuses ; sols calcaires.

Floraison : juillet-octobre.

ARMOISE COMMUNE

Artemisia vulgaris 60 à 120 cm

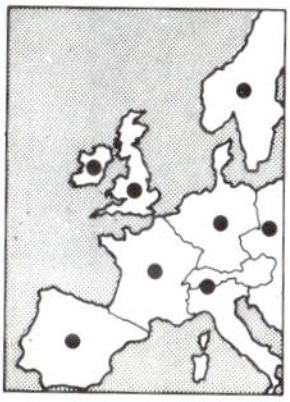

Nombreux capitules rouge-brun, dressés, minuscules, disposés en longues panicules feuillues à l'extrémité des branches des tiges. Les bractées de l'inflorescence, couvertes d'un duvet très fin, ont des bords fins comme du papier.

Plante aromatique vivace formant une touffe de tiges dressées ramifiées, cannelées, anguleuses, rougeâtres, couvertes de poils courts ; feuilles découpées, disposées en spirale, vert foncé dessus et couvertes d'un duvet cotonneux blanc dessous.

Fréquente dans toute l'Europe, dans les friches et les haies.

Absinthe menue : feuilles blanchâtres ; capitules de fleurs pendants, jaunâtres, presque sphériques ; cultures et friches. Absinthe maritime : plante rampante ; feuilles laineuses ; capitules de fleurs rouge-brun ; sur les murs au bord de la mer, dans les sites marécageux et salés, sur les sols riches en sel.

Floraison : juillet-septembre.

MOURON ROUGE

5 à 30 cm *Anagallis arvensis*

Fleurs isolées portées par de longs pédoncules à l'aiselle des feuilles et s'ouvrant seulement au soleil. Les 5 pétales rouge vif sont soudés à la base et tombent ensemble. Fruits : capsules rondes prises dans les sépales.

Petite plante annuelle glabre, mauvaise herbe. Nombreuses tiges ramifiées rampantes s'enracinant au niveau des nœuds et formant un tapis. Feuilles opposées, glabres, sessiles.

Fréquente dans toute l'Europe, dans les cultures, le long des chemins et des routes, dans les friches et dans les dunes.

Le mouron rouge se distingue des autres mauvaises herbes par ses fleurs rouge vif isolées. La lysimaque ou herbe-aux-écus, est une espèce de la même famille mais plus grande, à fleurs jaunes ; pousse dans les endroits humides et ombragés.

Floraison : juin-août.

COQUELICOT

Papaver rhoeas

20 à 60 cm

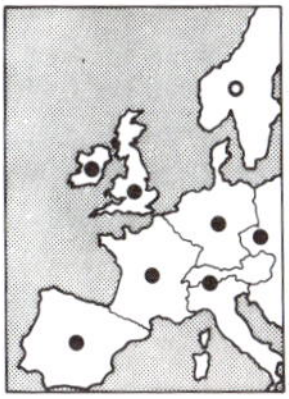

Fleurs solitaires rouge vif, au long pédoncule hérissé de poils, situées à l'aisselle des feuilles supérieures. Boutons pendants poilus. Fruits : capsules ovoïdes avec, sous la calotte, une rangée de trois par où sortent les graines.

Plante annuelle partant d'une rosette basale aux feuilles incisées et longuement pétiolées d'où émergent des tiges portant des feuilles bipennées et des fleurs. Toute la plante est hérissée de poils et parcourue de vaisseaux lactifères.

Mauvaise herbe des champs, commune dans toute l'Europe, aujourd'hui, surtout au bord des routes et dans les décombres.

Le pavot douteux, aussi commun dans le nord de l'Europe, a une capsule allongée. Le pavot bâtard épineux est plus commun dans les régions méridionales et devient rare dans le Nord. Le pavot somnifère, à la fleur rose-violet, est cultivé dans toute l'Europe et pousse souvent à l'état sauvage.

Floraison : juin-août.

VERVEINE OFFICINALE

30 à 60 cm *Verbena officinalis*

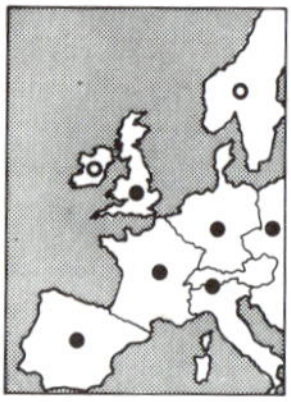

Fleurs apparaissant sur des épis ramifiés qui s'allongent au moment de la fructification. Corolle en tube rose-lilas faite de pétales à 5 lobes, les 2 lobes inférieurs étant plus petits. Fruit : tétrakène rouge-brun.

Plante vivace formée de plusieurs tiges dressées, anguleuses, ramifiée comme un chandelier et portant des épis terminaux florifères. A la base, la tige porte de grandes feuilles vert foncé opposées par paires, découpées et souvent lobées.

Répandue dans toute l'Europe sur les décombres, le long des routes et des sentiers, surtout en terrain calcaire.

La Verveine rampante, qui croît au sud de l'Europe, a des tiges fragiles couchées, des feuilles divisées et de petites fleurs mauve pâle.

Floraison : juillet-septembre.

GÉRANIUM ROBERT

Geranium robertianum 10 à 50 cm

Fleurs rouge-rose faites de 5 sépales poilus et glanduleux et de 5 pétales, disposées en grappes apicales ramifiées. Fruits à becs composés de 5 carpelles en spatule qui contiennent chacune une graine et se divisent à maturité.

Petite plante annuelle ou bisannuelle, ramifiée, aux tiges minces et velues ; feuilles palmipartites à segments découpés, vert foncé, devenant rougeâtres au soleil ou en fin de saison. La plante exhale une odeur désagréable.

Commune dans toute l'Europe le long des haies, sur les talus, au pied des murs, dans les bois et dans les jardins.

Géranium bec-de-grue : petite plante rampante aux feuilles découpées et aux petites fleurs roses. Espèce voisine : Géranium mauvin. D'autres géraniums ont des feuilles palmatilobées, comme le géranium mollet, le géranium à feuilles rondes et le géranium des prés, plus grand et à fleurs bleues.

Floraison : mai-septembre.

PETITE BARDANE

60 à 130 cm

Arctium minus

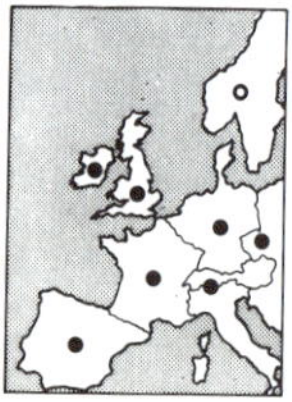

Nombreux capitules rouge-violet à longs pédoncules, réunis en grappes à l'extrémité des branches de la tige. Bractées à pointes crochues persistant sur le fruit ; elles se prennent dans les poils des animaux et sont ainsi dispersées.

Grande plante bisannuelle avec, la 1re année, une rosette de feuilles à longs pétioles, pointues et cordiformes, atteignant 30 cm de long. La 2e année : tiges florifères rougeâtres, cannelées, laineuses ; feuilles cordiformes disposées en spirale.

Commune dans toute l'Europe dans les friches, au bord des chemins et des routes, dans les bois découverts, le long des haies.

Grande bardane : plus grande, moins fréquente ; feuilles arrondies, cordiformes non pointues au bout. Bardane cotonneuse : plante aux bractées couvertes d'un duvet arachnéen ; absente de Grande-Bretagne et de la péninsule Ibérique.

Floraison : juillet-septembre.

ÉPILOBE EN ÉPI

Chamaerion angustifolium 20 à 120 cm

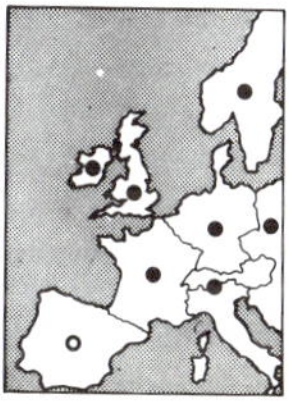

Fleurs rose-violet à 4 pétales disposées en une longue grappe au sommet de la tige. Bouton pendant. Capsules fructifères longues de 8 cm dressées ; s'ouvrant longitudinalement pour libérer des graines à aigrettes.

Plante vivace formée d'une souche rampante d'où partent de nombreuses tiges hautes. Feuilles vert foncé, effilées et minces, alternes et disposées en spirales sur la tige.

Cette plante, commune dans toute l'Europe, se rencontre par colonies dans les clairières, sur les sols défaits, surtout après un incendie, mais aussi dans les décombres et les jardins.

D'autres espèces d'Épilobe se distinguent par leurs fleurs poussant à l'horizontale et non vers le haut. Certaines, à petites fleurs rose pâle, poussent dans les jardins et les décharges. L'épilobe hérissé est une plante haute, avec de grandes fleurs roses aux stigmates crème, poussant sur les talus.

Floraison : juillet-septembre.

DIGITALE POURPRE

40 à 150 cm *Digitalis purpurea*

1 : Digitale à grandes fleurs *(D. grandiflora)*

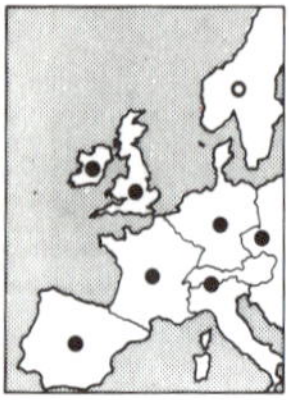

Grandes fleurs pendantes à corolle campanulée, violette, portant des taches sombres à l'intérieur. Elles forment une longue grappe unilatérale au sommet d'une tige unique, dressée. Fruits : capsules ovoïdes noires.

Plante bisannuelle duveteuse formant une rosette de grandes feuilles lancéolées rugueuses d'où part, la 2e année, une hampe dressée florifère aux feuilles plus petites, munies de pétioles ailés. Vénéneuse : contient de la digitaline.

Courante dans les clairières, surtout sur les sols brûlés et légèrement acides, dans les landes et en montagne. Présente en Europe de l'Ouest, de la Norvège à l'Espagne.

Digitale à grandes fleurs (1) : présente presque partout en Europe (sauf Nord et Grande-Bretagne) ; fleurs jaune pâle tachées de brun à l'intérieur ; feuilles lancéolées brillantes et glabres. *D. ferruginea :* - commune au sud-est de l'Europe - fleurs globulaires jaune-orangé, feuilles lancéolées glabres.

Floraison : juin-septembre.

PETITE CENTAURÉE

Centaurium erythraea 5 à 50 cm

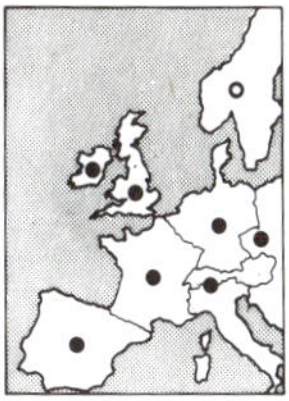

Fleurs roses constituées d'une corolle étalée à 5 pétales, surmontant un calice tubuleux, et formant des grappes terminales portées par des pédoncules dressés. 5 étamines se dressent en haut du tube. Fruits : capsules dépassant du calice persistant.

Plante annuelle glabre composée d'une rosette basale de feuilles elliptiques pointues et d'une tige florifère dressée, ramifiée en haut, portant des feuilles opposées par paires. Feuilles marquées de 3 à 7 nervures saillantes.

Fréquente dans toute l'Europe, sur les coteaux ensoleillés, à l'orée des forêts et dans les dunes.

Il existe plusieurs autres espèces de Centaurée poussant sur les coteaux secs et au bord de la mer. *C. pulchellum :* espèce maritime dépourvue de rosette basale. Gentiane amarelle : corolle en tube dressée violâtre, avec une rangée de poils blancs dans la gorge ; pousse dans les prés et les dunes sur sol calcaire.

Floraison : juin-octobre.

CENTAURÉE NOIRE

15 à 80 cm *Centaurea nigra*

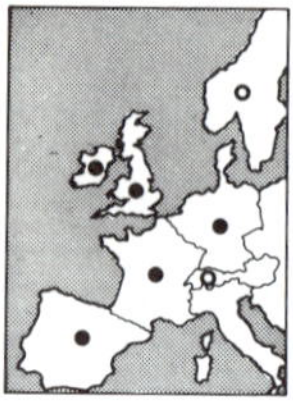

Capitules solitaires de 2 à 4 cm de diamètre, à l'extrémité des tiges, formés de fleurs rouge-violet, prises dans des bractées brunes bordées de dents pointues. Graines brun clair munies au sommet d'une couronne de poils courts.

Plante vivace formant une touffe de tiges raides, cannelées, poilues, ramifiées vers le haut. Feuilles basales entières longuement pétiolées, aux bords dentés ; feuilles supérieures entières sessiles. Toutes les feuilles sont duveteuses.

Commune dans toute l'Europe, dans les prés, le long des routes, sur les talus et les falaises.

Centaurée scabieuse : plante moins fréquente ; habitats similaires ; capitules de fleurs formés d'une couronne de grandes ligules. Sarrête des teinturiers : bractées brun foncé dépourvues de pointes ; pousse dans les bois et les prés, sur sol calcaire.

Floraison : juillet-septembre.

ORCHIS TACHETÉ

Orchis mascula 15 à 60 cm

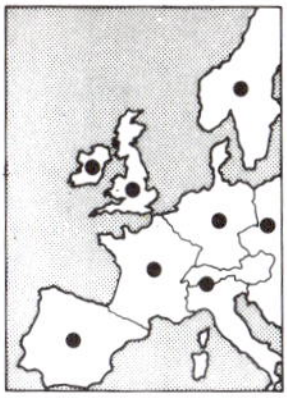

Fleurs formant un épi largement ouvert, généralement rouge-violet avec des taches plus sombres, mais variant jusqu'au rose pâle. Corolle en forme de casque munie d'un éperon horizontal ou vertical et d'une lèvre inférieure à 3 lobes, tachetée.

Cette plante ne fleurit qu'au bout de quelques années d'existence, puis elle meurt. La jeune plante n'a que 1 ou 2 feuilles ; adulte, elle a une rosette de feuilles lancéolées d'où part la tige florifère. Feuilles tachetées de violet-noir.

On la trouve dans presque toute l'Europe, dans les bois et les taillis, les dunes et les prairies, à la mer et à la montagne, le plus souvent en sol neutre ou calcaire.

Orchis bouffon : dunes et pâturages, généralement sur sols calcaires ; feuilles sans taches et nervures vertes évidentes sur les fleurs. *Dactylorchis fuschii* et *D. maculata :* fleurs roses munies d'un éperon pendant vers le bas ; feuilles tachetées. *D. incarnata :* feuilles sans taches et fleurs à éperon pendant vers le bas.

Floraison : avril-juillet.

THYM SAUVAGE OU PRÉCOCE

5 cm *Thymus praecox*

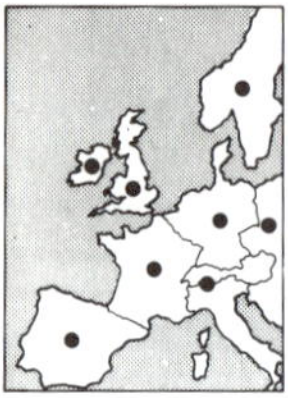

Fleurs réunies en têtes au sommet et le long des tiges dressées. Corolle tubulaire à 4 lobes, rose-violet. Calice bilabié avec 3 sépales pour la lèvre supérieure et 2 pour la lèvre inférieure. Fruits : akènes brun foncé et lisses.

Plante vivace rampante avec de nombreux rameaux traçants partant dans toutes les directions. Très petites feuilles ovales poussant à l'horizontale. Tiges florifères quadrangulaires poilues sur deux côtés opposés.

Commune dans toute l'Europe sur les coteaux secs, dans les landes et les dunes, parmi les rochers et les éboulis.

T. pulegioides : longues tiges florifères quadrangulaires mesurant jusqu'à 25 cm, poilues aux angles ; fleurs rose-violet agglomérées en têtes allongées. Thym des jardins : petit arbuste à fleurs roses et à feuilles gris-vert ; pousse en terrain sec dans le sud de l'Europe.

Floraison : mai-août.

ARMÉRIE MARITIME

Armeria maritima 5 à 15 cm

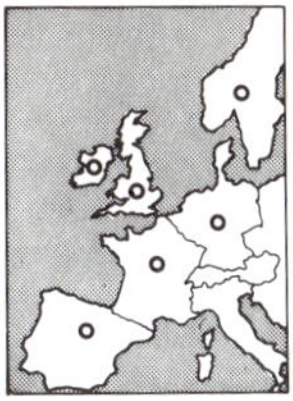

Fleurs roses à 5 pétales et à calice tubulaire, formant des têtes hémisphériques denses portées par de longs pédoncules. A la base des fleurs bractées, internes vertes, externes fines comme du papier. Fruits enveloppés dans le calice persistant.

Plante vivace formant un tapis touffu. Du rhizome ligneux et ramifié partent de nombreuses rosettes de feuilles linéaires, longues et minces, vert foncé. Chaque rosette peut donner une inflorescence.

Plante généralement maritime, présente en Europe du Nord et de l'Ouest, poussant sur les rochers et les falaises du littoral, dans les marécages et les prés salés, mais aussi en montagne.

Armérie alpine : espèce voisine mais plus petite, poussant dans les hautes Alpes, les Pyrénées et les Carpates ; feuilles plus grandes ; fleurs rose vif formant des boules.

Floraison : mai-août.

BRUYÈRE COMMUNE

Jusqu'à 60 cm *Calluna vulgaris*

1 : Bruyère cendrée *(Erica cinerea)*

1

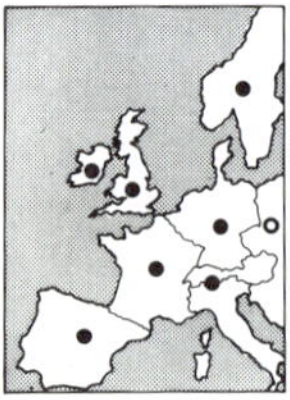

Fleurs disposées en épis peu fournis à l'aisselle des feuilles supérieures, formées de 4 sépales rose-violet alternant avec 4 pétales similaires. Petites bractées vertes à la base des fleurs. Fruits : capsules rondes.

Arbrisseau ramifié toujours vert constitué de nombreuses tiges ligneuses densément couvertes de très petites feuilles vert foncé, linéaires, sessiles, disposées en 4 rangs imbriqués. Chaque feuille est prolongée par 2 pointes à la base.

Commune dans toute l'Europe dans les landes, les brandes et les bois découverts, sur sol acide. Souvent dominante, elle forme des étendues vert mat presque toute l'année, puis fleuries.

Bruyère cendrée : feuilles plus grandes disposées par 3 verticilles ; fleurs plus grandes, campanulées, pourpres. Bruyère caminet : pousse dans les landes humides et les marécages ; verticilles de 4 feuilles ressemblant à une croix ; verticilles terminaux de fleurs roses campanulées.

Floraison : juillet-octobre.

ORCHIS

Dactylorchis fuchsii 10 à 60 cm

1 : *D. fuchsii* 2 : *D. maculata*

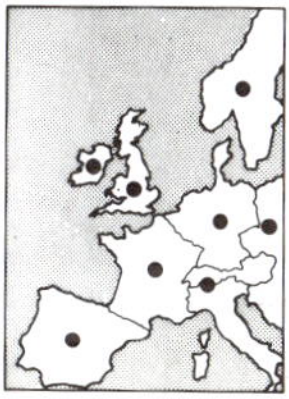

Fleurs en forme de casque avec une lèvre inférieure à 3 lobes, tachetée, et un éperon pointant vers le bas ; couleur variant du rose au blanc marqué de rose. Épi pyramidal quand les premières fleurs s'ouvrent, puis s'élargissant au sommet.

Plante vivace composée d'une tige florifère dressée et d'une rosette de feuilles lancéolées largement elliptiques, les plus basses grandes, les plus hautes petites et engainantes. Feuilles carénées, aux bords recourbés, marquées de taches rondes.

Commune dans toute l'Europe, dans les prés humides, les marécages, sur les talus, dans les landes.

Il existe 2 espèces de *Dactylorchis* à feuilles tachetées en Europe : *D. fuchsii* qui pousse sur des sols basiques en Europe de l'ouest et en Grande-Bretagne ; fleurs roses ; et *D. maculata* que l'on trouve sur sols acides dans toute l'Europe ; fleurs blanches tachetées de rose.

Floraison : juin-août.

CRESSON DES PRÉS

15 à 60 cm *Cardamine pratensis*

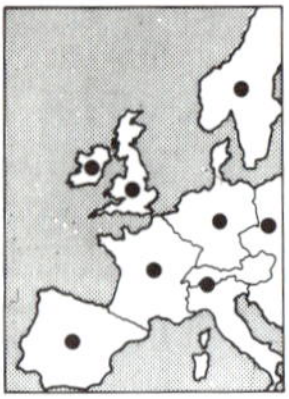

Fleurs à 4 pétales roses ou mauves, veinés de violet, formant une grappe terminale au sommet de la tige. Fruits : longues siliques dont les deux carpelles s'ouvrent à la base pour libérer les graines.

Petite plante vivace presque glabre formée d'une rosette de feuilles radicales ovales composées, aux longs pétioles et aux folioles dentelées, et de plusieurs tiges dressées qui portent des feuilles alternes aux folioles lancéolées.

Commune dans toute l'Europe, près des sources et dans les prairies humides.

Cresson amer : voisin du Cresson des prés ; fleurs blanches ; pousse au bord des rivières, surtout sur sol tourbeux. *C. flexuosa :* fleurs blanches ; pousse dans les endroits ombragés. Cresson d'eau : plante charnue aux feuilles vert foncé ; pousse dans les rivières.

Floraison : avril-juin.

VALÉRIANE OFFICINALE

Valeriana officinalis 20 à 150 cm

Fleurs à corolle tubulaire rose pâle, légèrement renflée à la base, à 5 pétales, portées en corymbes apicaux à 3 branches. Les fleurs ont à la base un petit calice enroulé qui se déploie et forme une aigrette à la fructification.

Plante vivace presque glabre formant une touffe de tiges dressées feuillues. Feuilles opposées, penniséquées, aux folioles lancéolées et dentées ; les feuilles basses ont un long pétiole et une base rainurée, celles d'en haut sont presque sessiles.

Commune dans toute l'Europe, dans les prés au sol inégal, les prairies et les bois humides, ou près de l'eau.

Valériane aquatique : tiges rampantes et racinantes ; feuilles basses simples et arrondies, feuilles supérieures découpées ; fleurs rosées, mâles et femelles séparées. Barbe de Jupiter : grandes touffes de feuilles ; sur les vieux murs, les talus secs et les falaises ; capitules ouverts de fleurs rouges.

Floraison : mai-août.

MENTHE CRÉPUE

15 à 90 cm *Mentha aquatica*

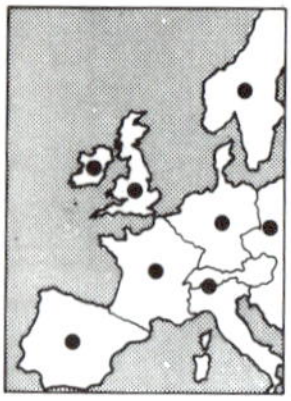

Petites fleurs mauves tubulaires à 4 pétales et 4 étamines sortant de la corolle, en épi dense au sommet de la tige et en verticilles à l'aisselle des feuilles supérieures. Fruits : akènes ovoïdes lisses groupés par 4 dans le calice persistant.

Plante vivace aux nombreuses tiges dressées, quadrangulaires, souvent ramifiées. Feuilles opposées, longuement pétiolées, ovales et duveteuses. Toute la plante exhale une forte odeur de menthe.

Commune dans toute l'Europe, dans les sites marécageux, près des rivières et des étangs et dans les endroits humides.

Menthe poivrée : odeur très caractéristique ; feuilles lancéolées, pointues, plus ou moins duveteuses ; fleurs mauves groupées en épis terminaux divisés en plusieurs verticilles. Menthe des champs : bractées axillant des verticilles de fleurs mauves ; odeur âcre.

Floraison : juillet-octobre.

RENOUÉE PERSICAIRE

Polygonum persicaria 20 à 80 cm

1 : Renouée des oiseaux

Fleurs roses formant un épi serré doté, à la base, d'une bractée unique. La couleur rose vient des sépales, car la fleur est dépourvue de pétales. Fruits : akènes brillants formant également des épis.

Mauvaise herbe annuelle dotée de plusieurs tiges lisses rougeâtres avec, au-dessus des nœuds, des renflements leur donnant une apparence anguleuse. Feuilles alternes, lancéolées, souvent tachetées de noir, avec à la base une gaine frangée.

Commune dans toute l'Europe au bord des chemins et sur les décombres, surtout sur sol humide, et à proximité des rivières et dans les fossés.

Renouée des oiseaux (1) : mauvaise herbe commune ; petites feuilles vert-bleu, gaines de feuilles argentées et petites fleurs blanches ou rosées. Renouée à feuilles de patience : tiges vertes, gaines nodales lisses, fleurs vertes ou blanches. Poivre d'eau : épi de fleurs rose-vert ; pousse dans les lieux humides et inondés.

Floraison : juin-octobre.

IMPATIENCE

100 à 200 cm *Impatiens glandulifera*

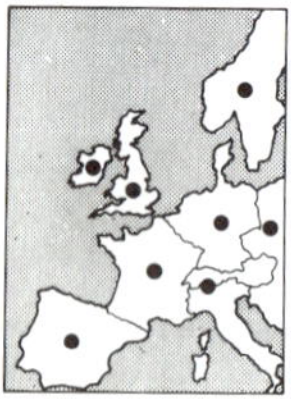

Grandes fleurs rose-pourpre en forme de casque, munies de longs pédoncules et apparaissant en grappes à l'aisselle des feuilles supérieures. Fruits : longues capsules qui s'ouvrent dès qu'on les touche pour libérer une pluie de graines.

Plante annuelle robuste et feuillue, glabre, dotée de grosses tiges rougeâtres. Feuilles grandes, dentées, lancéolées, portées en verticilles de 3 ou opposées par paires.

Cette plante provenant de l'Himalaya s'est acclimatée un peu partout en Europe. Elle prolifère au bord des rivières et des canaux, dans les fossés et les décombres.

Il n'existe aucune espèce similaire. La Balsamine et la Balsamine orange sont plus petites ; annuelles aussi, elles ont des fleurs de forme approchante, mais la première les a jaunes et la seconde orange.

Floraison : juillet-octobre.

CARDÈRE

Dipsacus sylvestris

50 à 200 cm

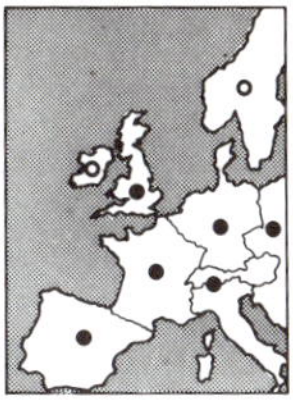

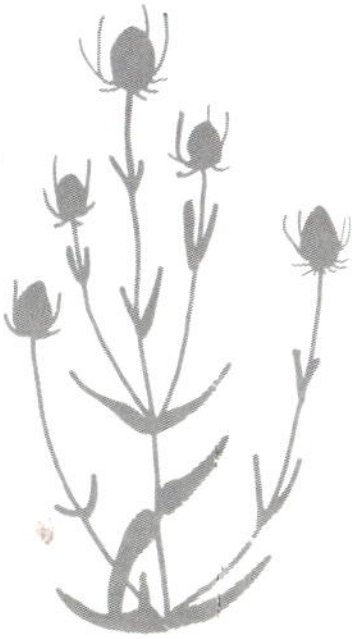

Fleurs rose-violet formant des têtes sommitales épineuses ; les premières fleuries forment une bande au milieu de la tête, les autres fleurissant ensuite de part et d'autre. Les têtes florales se transforment en fruits épineux.

Grande plante vivace formée d'une touffe de feuilles épineuses la 1re année. La 2e année poussent des tiges dressées, creuses et épineuses, portant des feuilles opposées, lancéolées, dont la base embrassante forme des godets où s'accumule l'eau.

Commune dans toute l'Europe, au bord des routes, surtout sur les fossés et dans les lieux humides ; également dans les prés et les bois humides, et à proximité des rivières.

Verge à pasteur : plante beaucoup moins fréquente ; bois et fossés humides ; elle atteint 100 cm de haut ; têtes florales sphériques aux fleurs blanchâtres. La Cardère se distingue aisément de la **Bardane** et du **Chardon**, dont les fleurs surmontent un calice épineux et donnent ensuite des graines à aigrettes.

Floraison : juillet-août. Fructification : septembre-octobre, souvent persistants.

Autres Espèces Communes

1

2

3

Fumeterre officinale (1) Plante glabre à feuilles plumeuses. Fleurs tubulaires pendantes. Cultures et friches. Eur. sauf N. Avril-juin.
Myrtille (2) Sous-arbrisseau dense. Fleurs campanulées suivies de baies comestibles. Landes et brandes, bois. Tte l'Eur. Mai-juil.
Lierre des murailles (3) Tiges rampantes violacées ; feuilles lisses épaisses. Fleurs comme de petites gueules-de-loup. Murs, rochers. Tte l'Eur. Juin-sept.
Grande Scrofulaire (4) Tiges dressées ; petites fleurs vultueuses à l'odeur désagréable. Haies, bois, lieux humides. Tte l'Eur. Juin-sept.
Épilobe des montagnes (5) Tiges dressées feuillues ; petites fleurs. Fruits oblongs à graines poilues. Jardins et haies. Tte l'Eur. Juin-août.

5

4

Autres Espèces Communes

1

2

3

4

5

Lychnis fleur de coucou (1) Tiges dressées ; cymes de fleurs « en lambeaux ». 5 pétales divisés en 4 segments. Marais, prés humides. Tte l'Eur. mai-juin.

Ortie puante (2) Tiges dressées feuillues axillant des verticilles de fleurs bilabiées. Bois et haies. Tte l'Eur. Juin-sept.

Galéolope tétrahit (3) Tiges dressées feuillues, poilues, axillant des verticilles de fleurs bilabiées. Terres arables, bois. Tte l'Eur. Juin-sept.

Salicaire (4) Hautes tiges feuillues ; verticilles de 6 fleurs à 6 pétales chacune. Marais, bord de l'eau. Tte l'Eur. Juin-ccpt.

Eupatoire chanvrine (5) Hautes tiges feuillues ; têtes florales aplaties. Graines à aigrettes blanches. Berges des rivières, marais, bois humides. Tte l'Eur. Juil-août.

LISERON DES HAIES

1 à 3 m *Calystegia sepium*

1 : Liseron des champs *(Convolvulus arvensis)*, 20 à 75 cm

1

Fleurs en entonnoir poussant à l'aisselle des feuilles. Les fleurs blanches du Liseron des haies, isolées, sont longues de 5 cm ; celles du Liseron des champs, roses, mesurent 2 cm et peuvent pousser isolément ou par deux.

Ces deux mauvaises herbes envahissantes sont des plantes volubiles dont les racines rampantes peuvent pénétrer jusqu'à 1 m dans le sol. Les feuilles lisses, sagittées, sont plus grandes chez le Liseron des haies (jusqu'à 15 cm de long).

Commune dans toute l'Europe (moins dans le nord), dans les friches, les jardins et les cultures, au bord des routes et des voies ferrées, grimpant le long des clôtures et des haies.

Liseron soldanelle : pousse sur les plages de galets et dans les dunes au bord de la mer ; rameaux rampants ; feuilles réniformes, fleurs roses. Liseron de Provence : plante volubile méditerranéenne ; pousse dans les cultures et le long des chemins ; feuilles supérieures lobées ; fleurs roses avec gorge violette.

Floraison : mai-octobre.

CORYDALE JAUNE

Corydalis lutea 10 à 30 cm

1 : Jaune 2 : Violet *(C. solida)*

2

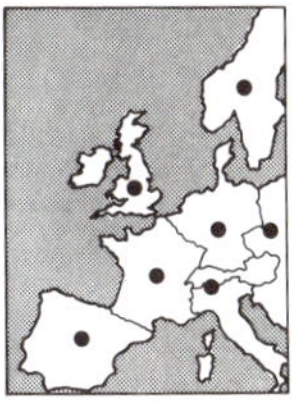

1

Fleurs caractérisées par leur forme bilabiée ; lèvre supérieure prolongée par un éperon, lèvre inférieure en forme de bateau. Elles se balancent au bout de leurs pédoncules, à l'aisselle des feuilles de l'apex.

Plante à tige lisse, glabre et fragile d'un vert bleuté, portant des touffes de feuilles profondément découpées, comme les fougères.

Le Corydale jaune pousse sur les murs et dans les rocailles, en Europe occidentale, le violet se trouve au printemps dans les vignes, les bois et le long des haies, presque partout en Europe.

Il existe plusieurs espèces de corydales en Europe. Le Corydale à vrille est une plante annuelle grimpante qui porte des fleurs blanc-crème en été et pousse dans les bois et les rocailles. La Fumeterre est une espèce voisine aux fleurs rosées, qui envahit les champs et les décombres.

Floraison : avril-septembre.

TRÈFLE

10 à 50 cm *Trifolium repens*

1 : Blanc 2 : Rouge (*T. pratense*)

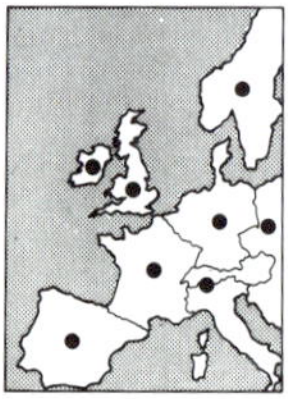

Fleurs en têtes serrées portées par de longs pédoncules à l'aisselle des feuilles, rouge-violet ou blanches, souvent rosées. Abondant nectar à la base du tube. Fruits : petites gousses contenues dans les fleurs persistantes après la floraison.

Plante vivace dotée de rameaux traçants qui s'enracinent au niveau des nœuds. Feuilles à 3 folioles avec, pour certaines espèces, un croissant vert pâle au centre de chaque foliole.

Commune dans toute l'Europe, sur les bords des routes, dans les landes et les dunes, les pâturages, les gazons et les jardins.

Il existe de nombreuses espèces de Trèfle, les plus communes étant le Trèfle blanc et le Trèfle rouge, ayant tous deux la même marque sur les feuilles. Trèfle hybride : feuilles unies, fleurs blanc-rosé. Trèfle moyen : longues folioles, souvent tachetées de blanc et fleurs rouge-violet.

Floraison : mai-septembre.

GRANDE CONSOUDE

Symphytum officinale 30 à 120 cm

Fleurs de couleur variable - jaune à jaune-blanc, rose ou violet - formant des grappes unilatérales en torsade, au bout de longs pédoncules partant de l'aisselle des feuilles. Fruits : tétrakènes noir brillant, pris dans le calice persistant.

Plante vivace formant une grosse touffe de tiges feuillues. Feuilles grandes, rugueuses et duveteuses, lancéolées ; celles d'en haut sessiles avec une base large qui rejoint la précédente sur la tige, celles du bas munies d'un pétiole ailé.

Commune dans les lieux humides et les prairies, sur les fossés et au bord de l'eau, plus en Europe méridionale que dans le nord.

S. x uplandinum : fleurs bleues ou violettes ; feuilles supérieures avec bases descendant sur la tige ; pousse dans les haies et au bord des routes. Consoude tubéreuse : fleurs jaunes ; pousse dans les prés humides et au bord des rivières ; plus commune dans le nord de l'Europe que dans le sud.

Floraison : mai-juin.

Index

N'oubliez pas de cocher l'index au fur et à mesure de vos découvertes.